GRACIAS
Amor, ¿dónde estás?

LUZZIO CARRILLO

© Copyright   ISBN 9798328322188

LUZZIO CARRILLO

De origen campesino, nacido y creado hasta su adolescencia en la Sierra Madre Occidental del Norte de México. emigró a la capital con el firme propósito de estudiar y lograr una carrera que le ampliara perspectiva y conocimiento de aquel entorno maravilloso de sus primeros años de vida. Logró sus objetivos a finales del siglo pasado, y continúa haciendo lo que tanto le apasiona. Disfrutó una hermosa familia por 16 años. Divorciado, padre de cinco hijos, nada es fácil nos dice, sin embargo, todo, todo vale la pena.

"Comprender el fondo en gratitud a lo vivido, no es sinónimo de olvido"

"En lo bueno malo y lo peor, sin buscar encontré la fuerza del amor., como supremo y común denominador"

"La vida en el campo, mi libro poemas y canciones son catarsis, armonía y bendiciones"

AGRADECIMIENTOS

A mis cuerpos y sentidos, el presente y lo vivido.

A mi Dios el ser estar y el hoy, por vivir en mi gracia le doy.

A mi virgen y mujer que me hizo trascender.

A mi Madre Tierra sus bondades, sus misterios en lo físico y etéreo.

A la luna y sol por bailar conmigo al mismo son.

A mis padres y hermanos, lo disfuncional y cuanto nos amamos.

A mis hijos e hijas por escogerme sin pedirme.

A sus madres sus amores, desplantes y favores.

A mis novias y amantes, sus caricias sin diamantes.

Amigos y amigas, su cariño y tiempo sin medidas.

A la ciencia, los doctores con aciertos y errores.

A mi perro y caballo su compañía, sin reclamos cada día.

INDICE

Título subtitulo y autor	3
ISBN	4
Biografía	5
Agradecimientos	7
Índice	9
Prologo	12
Descripción	15
Capitulo Primero: Copas festejo y mucha sangre	19
Viajes Maravillosos 1	27
Viaje 2	31
Viaje 3	35
Viaje 4	38

Capitulo Segundo:
Oraciones fe y gratitud, viajando
en tiempo encontré similitud — 49

Capítulo Tercero:
Despertar dolor incertidumbre,
alegría y decepción — 63

Capitulo Cuarto: Llegando a casa,
encanto y decepción — 78

Capitulo Quinto: La peor pesadilla — 92

Capitulo Sexto: La pandemia — 116

Capitulo Séptimo:
Orgulloso de mi Estado — 143

Capitulo Octavo: Sociales
por naturaleza, ingenuos sin vergüenza — 165

Capitulo Noveno:
Escribir me hace mucho bien
y compartirlo hoy es mi estilo — 198

Capitulo decimo:

Conociendo al ángel de mi guarda   252

Capitulo Onceavo: La vida urbana ilusión

que requiere pasión   273

Reflexión/Mi verdad: 295

RARAMURY DE LUZZIO

Hijo de campesinos nacido en la Sierra Madre Occidental en México. La escasez de escuelas, profesores y limitadas a solo primarias era ganancia para los niños. Los padres de familia tenían poca visión y económicamente no podían. Lo común era que sabiendo leer y escribir, los hombrecitos apoyar a papás y las niñas a sus madres. A principios de los ochentas siendo ya un adolescente consiguió lo enviaran a la capital así continuar estudiando.

Nada es fácil dice, pero los cambios son necesarios y productivos, solo así evitamos de los tiempos ser cautivos. Mientras luchemos por un ideal por un sueño, de lo mejor seremos dueños. Como técnico agropecuario, labora ama y cuida la naturaleza en todas sus manifestaciones. La ciudad se ha vuelto fea necesidad, pero viviendo en el campo de nada me espanto. Por una década trabajó con el gobierno federal, sin embargo, a los montes decidió regresar.

Este su primer libro y con lenguaje sencillo, habla de fuertes y sensibles pasajes de su vida. Recordándonos a ese valor supremo al que nos debemos, donde el aprendizaje no termina con la suerte, si no con la muerte. Invitándonos a la reflexión, hacer consciencia, conocer y sentir más del amor. Nos dice con frecuencia.

"NO TE DESGASTES BUSCANDO AFUERA, LO QUE POR DENTRO DEJAS QUE MUERA"

"Jamás me cansaré de ser estar, sano y feliz, lo traigo en mi cuerpo y no en un beliz., tiene un costo y es una conquista, que no me da ninguna revista"

Descripción del libro

MESES INCONSCIENTE DISFRUTE DEL VIAJE ES EVIDENTE, DONDE EL SER ESTAR Y EL SENTIR ES LO QUE PIDE EL UNIVERSO DEL FLUIR.

VIAJES DE UN CUENTO DE HADAS, EN EL VUELO MAS PERFECTO Y YO SIN ALAS; AMOR LUZ Y ENERGIA MI CONSTANTE COMPAÑÍA.

AL VOLVER, UNA CASCADA DE SORPRESAS SACUDIERON A MI SER; PRUEBA A LO APRENDIDO TATUANDO MI DESTINO.

A UN PARALELISMO ESPIRITUAL TODO TUVE QUE APOSTAR, NADA ES IMPOSIBLE MIENTRAS NO DEJES DE AMAR.

EN ESTA HUMANIDAD NOS DOMESTICAN PARA HACER Y MAS TENER, CUANDO ALLA BASTA EL SENTIR Y EL DESEO PARA CRECER.

QUIZAS TUVE QUE MEDIO MORIR PARA ENTENDER, LOS AVISOS QUE IGNORABA O NO QUERIA VER.

LOS TIEMPOS DE DIOS SON LOS MEJORES, Y LOS HABIA CAMBIADO POR FACTURAS Y FAVORES.

HOY EL SOPLO DE MI VIDA ES SUBLIME TERRENAL E INTENSO, EN EL SER ESTAR Y LO QUE PIENSO.

EL AMOR ES COMBUSTIBLE, ES MOTOR, Y EL TANQUE PERFECTO QUE TODOS DEBEMOS TENER ES EL CORAZON.

PASADO PRESENTE Y FUTURO EXCLUSIVO TREN PARA CADA QUIEN, EN EL NO HAY MALDICION, SOLO GOZO Y BENDICION.

CUIDEMOS EL BOLETO DE LA IMPRENTA DEL CREADOR, HECHO CON AMOR Y A LA VISA BENDECIDA, DEMOS BRILLO EN ESTA VIDA.

GRACIA

Amor, ¿dónde estás?

CAPITULO PRIMERO

COPAS FESTEJO Y MUCHA SANGRE

Aplausos, gritos y el sonido casi ensordecedor de las grandes pantallas, el lugar muy por encima de su aforo, incluyendo la terraza donde mi compañera y yo disfrutamos del tan esperado evento. Sentados en una pequeña mesa con dos sillas un tanto incómodas era una locura, los estrujones de tanta gente moviéndose de un lado para otro en su mayoría jóvenes con bebidas en mano, los meseros agobiados, estresados por los clientes, más la fría noche del recién llegado invierno hacían un entorno pesado.

Todo sucedió en una de las ciudades que más quiero y admiro de mi país, México. Solo habían transcurrido quizás 40 minutos cuando mucho, mi segunda cerveza y saboreaba unos ricos y picosos tacos de camarón. El calendario marcaba día 11 del mes 11 del año 2011 faltando menos de media hora 30 minutos para las 11 de la noche, de tal manera que habrían sido cuatro onces. Para algunas personas que entienden de numerología llama mucho su atención tal coincidencia.

Séptimo round del Campeonato Mundial que pretendía conquistar el retador mexicano. Inesperadamente escuché mi nombre muy cerca de mí flanco derecho, no alcancé voltear, porque venía acompañado de varios disparos de arma de fuego que entraban en mi tórax y costado derecho, levantándome de la silla como si fuera una servilleta desechable al soplo de una fuerte e inesperada corriente de aire. el resto en mis piernas cuando ya mi cuerpo tirado y acalambrado cual descarga de alto voltaje y en forma de cruz estaba en la fría cerámica del lugar.

Crecía una sábana de sangre caliente que me abandonaba, cruel sensación de ligeros movimientos o diminutas vibraciones como si mi cuerpo estuviera siendo filtrado a otra atmosfera a otra gravedad., y a la vez sentí a mi sangre hablar, reclamando porque la sacaban tan repentinamente con esa crueldad y cobardía., porque lo permites? Y sin poder contestar algo que tampoco yo podía entender. Fueron en total siete proyectiles de calibre mayor, reglamentario usado por militares de rango, en sus armas cortas. Detalles de los que me enteré mucho después gracias a los peritos.

Como olvidar si mi cuerpo los contaba antes que mi propia mente, en fracciones de segundo no se explicar cómo una parte de mi decía, ya por favor no más basta., y seguían entrando, sacudiendo, quemándome cual simple trapo cruzado por rayos fulminantes, emanados de las oscuras e inquietas nubes que con dificultad y asombro veían mis ojos.

Entre ellas buscaba y hable rápido con una fuerza interna increíble, que no sabía existía en mis entrañas desesperadamente a mi Dios. Mientras esa noche se convertía en la peor y tal vez la última pesadilla de toda mi vida, cuando una parte mi ser dijo estas muriendo a eso vino quien te disparo, a matarte.

Por momentos pensé, ¿acaso es lo último que veré? el aroma a pólvora quemada la sangre que salía a borbollones por mi tórax, semejante a branquias de un gran pez, agitadamente roncaba como toro de lidia al morir. Todo esto generaba un vapor denso blanco grisáceo, solo podía mover el cuello y gritaba desesperado una ambulancia, quería auxilio, aceptando y rechazando que fuera el gran final. Desconozco si me escuchaban, las bocinas del lugar seguían con volumen muchos gritos y gente corriendo por todos lados.

Horrible pesadilla, ¡intente despertar no es real claro que no es verdad, estoy soñando ya despierta por favor!! pero esta era real, aterrado por la situación pensé y dije a mi Dios, Tú sabes que no merezco morir hoy y menos de esta manera, mis hijos están esperándome a 5 minutos de este lugar en el gran sillón café de la estancia, donde con frecuencia los fines de semana disfrutamos de programas y películas juntos., ahí están ellos tres Señor por favor., un adolescente un puberto y una niña de tan solo cinco años.

Mi esposa en esos momentos me sostenía por el cuello ligeramente levantado, los minutos transcurrían y mis fuerzas desaparecerían. Había jóvenes que ayudaban (abrazo y gracias de corazón a esos héroes tan valientes) presionando mis heridas y gritando: No te rajes, no te rajes, sabemos que duele, aguanta ya vienen los paramédicos.

No tuve tiempo para derramar una lágrima., la adrenalina al tope y el hecho de no sentir sangre en mi boca me daba fuerzas. Pidiendo, implorando a mí Dios no me dejara morir, que necesitaba estar en los 15 años de mi hija., pues era un tema recurrente al jugar o convivir pues llegó a este mundo en mi cumpleaños. Que por ella me diera una sola oportunidad.

Quería escuchar una ambulancia y sentir que me canalizaran los escalofríos por falta de sangre y tanta lesión me decían lo que no quería, estás muriendo. Sentía brasas cada vez más crueles en la mayor parte del cuerpo, los minutos estaban llevándose mis fuerzas. En medio del caos escuché la sirena de una ambulancia gracias Dios gracias señor., llegaron me canalizaron y trasladaron al hospital más cercano.

¡Gracias Señor, por escucharme y estar conmigo! le dije en repetidas y ocasiones, mientras las luces, radio y sirena hacían un coro que aun hace eco en mi ser. Consciente llegué al quirófano algo de fuerzas regresaron., al cambiarme de la camilla a la plancha de cirugías lo hicieron tan bruscamente que escuché como los huesos rotos salieron de mi cuerpo, quedando expuestos especialmente el fémur y mi brazo derecho.

Fue de los gritos más espantosos que han salido de mi boca. Conocí por suerte a un doctor, irónicamente le pregunté ¿ganamos? refiriéndome a la pelea, contestó sí., fue agradable escucharlo. En esos minutos mientras me quitaban mis ropas vi a mi hermana con su rostro desencajado preguntándome, hermano ¿qué le digo a nuestra madre? que rece mucho, que estoy al borde de la muerte, dile la verdad que estoy muy mal, acentuó con su cabeza y con su voz quebrada y aguantando no llorar, estás en las mejores manos y Dios está contigo hermano. ¡Hablé fuerte aquel doctor por favor ya! que me duerman no soporto más ya no me importa… me dijo ya vas a dormir y por favor ten mucha fe, lo último que escuché entre ellos fue esta herida me preocupa y adiós a este plano.

"No te desgastes buscando afuera lo que por dentro dejas que muera"

MIS VIAJES MARAVILLOSOS

PRIMER VIAJE

Me encuentro en un altar impresionante, flores hasta en el techo, colores, aromas sorprendiendo a mis ojos y nariz. Una luminiscencia tan especial que pareciera ser parte de cada flor, suaves melodías sin personas a la vista, susurros de mujeres o Ángeles., observo con mucho interés el nicho donde se supone esta mi cuerpo inerte, lo hago de abajo hacia arriba sin embargo no es posible verlo. Una atmosfera exquisita, la máxima tranquilidad, irónicamente quería fuera eterna.

Disfruté de cada instante, no sentí la más mínima incomodidad. Repentinamente escuché la voz de una mujer, me habló dulcemente a manera de susurro tan cerca, que sentí su aliento húmedo fresco y perfumado a la vez. Decía, todo está bien, todo está perfecto, descansa y por favor tranquilo.

Hasta la fecha, el simple recordar me hace bastante bien, es de lo más exquisito y poderoso que mis oídos han escuchado en medio siglo, hace eco en todos mis cuerpos. Lo considero el soplo de vida traído a mí por un mensajero exclusivo de mi Dios. Llamó mi atención tal expresión, pues estaba más que relajado de hecho disfrutaba lo que sentía lo que veía., pero ese susurro fue extraordinario.

Como explicar los cambios de escenarios en mi volar entre magníficos universos, con más lunas que soles, variados planetas en colores y dimensiones. Repentinamente me encuentro en un pequeño planeta soñado perfecto., predominaban los colores lilas rosas morados, otros del arcoíris perfectamente armonizado., sus brillos no lastimaban mis ojos, de hecho, no recuerdo el simple parpadeo, tal vez no era necesario o quizás sería pérdida de tiempo.

Semiacostado en una especie de camastro flotante al que no pude ver, solo sentir. Cerca de una superficie como arena dorada, marrón aperlada muy fina. Enfocaba ciertas partes del paisaje, y simultáneamente podía ver todo, imaginen que mi cuerpo es transparente como una medusa y a través de esta visualizo lineal y verticalmente el todo. Esfera y gran ojo son uno mismo., claro que, en mi asombro ponía atención por cuadrantes como una moderna cámara con zum.

Obviamente era una perfecta playa, con grandes palmeras mucha vegetación, nada era estático todos vibramos. Bailando, disfrutando exclusiva melodía., donde la vida misma es la orquesta y el director de esta lo perfecto.

Existen tres lunas rosadas lilas y moradas, formadas o acomodadas estratégicamente de mayor a menor. Las tres reflejan sus hermosos colores en la marea, que a su vez vibra tan finamente que apenas perciben mis ojos. Las aves que vuelan de izquierda a derecha parecen gaviotas y golondrinas, sus alas producen destellos de luz como si fueran diamantes o finísimos cristales.

La luna más cercana con cuerpo de tercer o cuarto menguante atrajo mi atención, la parte interna pareciera desgarrada por alguna bomba o colisión de planetas. A cada una de las tres llegan rayos de luz en diferente sentido, como si fueran exclusivas de soles independientes.

La temperatura perfecta, no siento necesidad en absoluto, todo es deleite, aromas la brisa demasiado fina en mi rostro y puede entrar a mis ojos sin necesidad de parpadear, la voz y sonidos vivos de la naturaleza, donde el todo era lo importante, nadie es más ni menos que nadie.

Podía desplazarme a cualquier velocidad con solo desearlo. Una delicia, cada escenario fue gozo y tranquilidad, sin pasado sin futuro, eso no mitigaba mi gran curiosidad las ganas por seguir viajando y explorando. Mi vista enfocada generalmente al frente y hacia arriba., aunque abarcara todo.

Muchos planetas, estrellas distantes otros no tanto, volando sin frío ni calor menos temor a lo desconocido tampoco a las distancias. En ocasiones podía sentir ser tan grande como un cuerpo celeste y otras una pequeña chispa en lo infinito. Otros momentos cruzar nubes más densas que me daban energía, algo así como un enorme gel que podía aspirarlo sin problema alguno.

SEGUNDO VIAJE

Un segundo viaje importante, después de cruzar gran nebulosa algo densa, pero con cierta iluminación en su fondo., visualice un planeta blanco con destellos especiales llamando mi atención, ligeramente abajo de mi vuelo. Tenía una circunferencia que lo envolvía con los colores propios del arcoíris. Impresionado decidí acercarme hasta una enorme ciudad, perfectamente delineada con súper calles y avenidas, parecieran trazadas con láser todo era color blanco y perla, sin habitantes ni fauna, tampoco transportes de ningún tipo, pero eso sí una abundante y hermosa flora, predominaban las flores blancas y las menos de colores muy pálidos, pero todo armonizaba perfecto.

Fue tal mi curiosidad que me acerqué más y más. Sentía una brisa más fría en el rostro, seguí bajando hasta el jardín de una mansión, ocupaba toda una cuadra, sentí mi cuerpo físico, empecé a caminar sobre el pasto húmedo que mucho agradaba a mis pies descalzos. Cuando me disponía a volar de nuevo, escuché una voz que me sonó familiar me dijo: ¿cómo le va? bienvenido, volteé y en efecto era un amigo que tiempo atrás había fallecido.

Su ropa gris clara y su rostro cubierto con un velo semitransparente a unos cuantos pasos de mi diestra, preguntó ¿Le gusta el lugar? le dije: Está increíble estoy asombrado de los jardines., amablemente me dijo escoja una residencia, hay suficientes. ¿porque razón he de coger una? porque usted se quedará aquí por siempre., le dije no es mi intención solo viajo y ando conociendo no me interesa ninguna.

¡Me despedí de palabra no se puede ir! ya está aquí, lo puedo acompañar para que elija, claro que me voy conteste!! algo molesto por primera vez en mis viajes. Cuando quise volar me tomó por los hombros y me empujó hacia el pasto, obviamente me estaba forzando él no quería que continuara el vuelo. Sentí en mi pecho una especie de motor caliente que aceleraba y quemaba a la vez. Molesto empezamos una lucha cuerpo a cuerpo, él por retenerme y yo por volar. Mientras más me irritaba la belleza de aquel lugar perdía sus encantos colores y aromas, todo moría drásticamente con mi desesperación.

Por momentos estuve en el pasto y me agotaba, alcancé a ver como estaba colapsando todo. Con los brazos en cruz con mucha dificultad giré el cuello estaba agotado, vi perfectamente como tres esferas oscuras se juntaban a manera de un gigantesco trébol diabólico muy bien sincronizado cerrando el paso de toda luz.

Era angustiante, sólo un pequeño rayo luminoso que moría rápido entre un eclipse total de sol., donde lo gris se tornaba negro., similar cuando el sol nos despide por un clarito en las densas nubes de un tormentoso verano. En mi caso este se volvía más y más delgado y al tocar mi rostro como si fuera eterna despedida, entendí que mi única opción era viajar a la velocidad de la luz., y con todas mis fuerzas logre salir de esa pesadilla, a través del cada vez más delgado rayo luminoso.

Una vez que pude cruzar la peor puerta de mis recuerdos, volví a mi cuerpo de luz con tranquilidad, sin importarme como el hoyo negro se fue achicando cada vez. No quise saber nada me sentía agotado pero feliz por continuar viajando. En esta ocasión existió por instantes un pasado y pensé en el futuro.

Mi reflexión y aprendizaje fue no enfocar hacia abajo, continuar como lo estaba haciendo hacia adelante y arriba. Tomaba precauciones me dije, no te acerques a cualquier lugar por atractivo o hermoso que éste sea. Me relajé asumo que dormía, seguí disfrutando, pero sin acercarme demasiado a nada por especial que me pareciera. Conocí el miedo por instantes, la angustia, ya que en esa lucha a mi cuerpo físico le exigí demasiado.

TERCER VIAJE

Inesperadamente me encuentro en una cocina de cierta señora muy querida, quien fuera mi suegra en la vida terrenal., con quien sostuve una muy bonita amistad fuimos amigos., gustábamos compartir algunas historias. Teníamos mucho en común sin importar nuestras edades. Al hablar de nuestra niñez la vida en el campo, las costumbres de nuestros padres y abuelos, escuelas rurales, las fiestas en ranchería y pueblos. De cuando iniciamos nuestros bailes de jóvenes., de su polémico noviazgo con quien fuera mi suegro y su esposo, las comidas antojos favoritos de cada uno, el gusto por cocinar desde muy temprana edad y muchas anécdotas más.

Fue una delicia ser y estar con ella., cómo olvidar el suculento sabor de su cocina, se esmeraba de verdad en todo fuese sencillo o muy elaborado, definitivamente lo hacía con mucho amor, y claro muy evidente que disfrutaba siempre sonreía. Por supuesto que a todas sus hijas las entrenó o trataron de imitarla muy bien, empezando por mi esposa, pero nunca la superaron ni podrán, porque ella tenía ángel. En Gloria este su alma.

Cuando fui dado de alta sólo en una ocasión hablamos por teléfono, ambos alegres a pesar de su lastimada salud., como olvidar cuando me dice con tierna voz: válgame Dios lo escucho tan clarito como si estuviera aquí en el pueblo ¡después de esa llamada antes del año falleció., solamente alcancé a mandarle un arreglo con flores color rosa y lilas.

Regresando al fantástico viaje, llegué algo cansado a su cocina, aquella mesa lucía muy bien con mantel blanco hasta medio tocar el piso, olía rico. Se encontraba de pie sonriendo me invitó a beber un poco de té, por su aroma asumo que tenía algo de anís. Nos sentamos como de costumbre al visitarla y me pregunta, ¿cómo está qué tal de trabajo cómo se ha sentido? muy bien gracias algo cansado y usted bien gracias a Dios, qué bueno que llegó estoy muy solita en la casa.

Tomé unos sorbos de té y con la taza en mi mano izquierda me puse de pie, caminé hacia la puerta lateral de su cocina como era habitual, disfrutar ver sus plantas y variadas macetas muy cuidadas y atendidas, solía platicar con ellas me decía con frecuencia.

Cerca también había corrales con ganado, pero en esta ocasión al pisar el primer escalón oh gran sorpresa, solo había un enorme abismo oscuro y frío bajo mis pies, tres gatos diferentes en color, pero todos me veían fijamente, no fue nada agradable., ella no toleraba los gatos. También me sentí como en gravedad cero, como si flotara me angustio un vacío en el pecho. Cuando vio mi reacción dijo, no se vaya regrese disfrute su té quédese descanse, me relajé ella sonrió de nuevo y creo me dormí en la mesa sobre el acendrado y perfectamente planchado mantel., su tierna sonrisa y el rico aroma anís.

Mi reflexión es que su cariño y oraciones fueron escuchadas en todo el universo., y por siempre estaré de ella más que agradecido.

EL CUARTO VIAJE, EL MAS IMPORTANTE

En mis mágicos viajes (estando inconsciente) que fueron algunos, les comparto el número cuatro el más importante, exquisito subliminal, terrenal y etéreo.

Me encuentro como capataz en una muy importante Hacienda Agrícola y Ganadera en algún lugar de nuestro país México, y por lo que conozco de él, fue en la región del Bajío unos 400 años atrás.

Mi responsabilidad era mucha pues la cantidad de trabajadores que tenía a mi cargo era de aproximadamente 300 jornaleros. Mi patrón era todo un personaje, Gachupin (linaje español) no era mestizo, solía montar caballos finos y muy bien arrendados, calesas perfectas y sus ropas generalmente eran oscuras formales y elegantes de la época. Era muy estricto, pero confiaba lo suficiente en mi capacidad desde tiempo atrás. Yo soltero trabajaba desde muy joven en dicho lugar, viviendo en una pequeña casa cerca de la impresionante Hacienda. Aquel rico potentado tenía una joven y bellísima hija, única descendiente y heredera., la cuidaba como a sus ojos nadie podía acercarse, solo hablaban para saludarle. Sin embargo, era refinada sencilla, amablemente contestaba y a petición de ella había pequeños diálogos con personas, sin importar lo que desempeñaban. Su educada y dulce voz, la hacían merecedora de gran respeto y admiración.

La veía con frecuencia a cierta distancia, su cara normalmente casi cubierta por delicados sombreros ondulados y con flores, finos pañuelos o velos colores pastel. sin tener comunicación a excepción del saludo a distancia. Me fui enamorando perdidamente hasta sentirme obsesionado y creo hasta enfermo., pues soñaba sería en un futuro mi esposa.

La primera vez que pude hablar aparte de un simple saludo, fue a través de unas cuantas líneas de una pequeña carta. Me atreví a decirle qué moriría de amor en cualquier momento, que estaba enamorado y que por favor me disculpara que era imposible ocultarlo.

Contestó amablemente en un manuscrito y me dice acércate el próximo domingo a los álamos grandes del río., su lugar favorito para descansar y leer. Generalmente acompañada por dos mujeres de más edad, le contesté que era imposible que mi patrón me fusilaría sin titubear. Su nueva respuesta fue, es mi voluntad hablar con mi padre y pedirle nos conceda vernos conocernos, convivir es mi deseo y tengo derecho.

Mi patrón en cuestión de días me llamó, me presenté en su despacho, el sol estaba en su esplendor llegué sombrero en mano sudando como vela. Respiraba aceleradamente quizás como nunca la había sentido, mi simple intuición me dijo agárrate capataz. Sombrero en mano, medio limpié con el pañuelo mi cara y manos en el trayecto., las dos enormes puertas de su despacho con marcas de fuego más las pesadas aldabas y remaches, imponían autoridad y poder con solo verlas. En esta ocasión una de ellas abierta.

Buenas tardes patrón, habló fuerte y preguntó: ¿sabes en lo que te estás metiendo mayordomo idiota? Sí señor le contesté, ¡si piensas cortejar a mi princesa tendrás que vender tu alma al mismo diablo desgraciado! y trabajar hasta que mueras de viejo sin descuidar mis negocios.

Sí señor lo que usted ordene, y soltó una carcajada que me sacudió., se levantó retorciendo sus alazanes bigotes con la mano izquierda del gran sillón de cuero. Sirvió dos pequeñas copas que estaban muy pagaditas al gran cigarro de tabaco que daba un aroma especial hasta el gran pasillo, me dijo toma, ¡brindemos gran cabrón!! sabía que eras hombre, pero no tanto, tomé la copa y el sorbo.

Muy bien habrá boda, ¿pero cuando a mí se me hinchen las benditas mollejas lo oyes? ¿te queda claro? cuando yo lo decida, qué patarato esté, pues qué estás pensando., ahora lárgate a trabajar y pobre de ti que te le acerques.

Con su permiso patrón, salí como cohete encendido, me importo un bledo lo poco que seguí escuchando, creo gruñía como perro rabioso. Mi alegría era más que evidente las 24 horas pensaba en el amor de mi vida, seguíamos con pequeños escritos comunicándonos con más frecuencia, estando mas que seguro del gran amor por tal belleza, y sentí que ella empezaba amarme y también su gran ilusión por ser mi esposa. Lo que llama aun mi atención es que al final de sus cartas solo dibujaba una flor de cinco pétalos sami inclinada con largo tallo como el terminar la letra A cursiva. También me sorprende no recordar los nombres de nadie incluyendo el propio, solo el capataz., usado hasta en los remitentes de mis escritos.

Por fin llegó la tarde más esperada de mi vida y de mis sueños, tocaría su mano y la vería de cerca conocería su rostro, el rostro de la novia y futura esposa.

Una hermosa capilla aguardaba en lo alto de un pequeño cerro dentro del casco de la Hacienda. Eran tres vueltas en espiral para llegar al jardín de la pequeña iglesia, todo el empedrado parecía recién pulido, y en ambos lados del camino miles y miles de flores coloridas y sostenidas por cuerdas invisibles o de cristal flexible a manera de arcoíris invertidos., enormes arcos a cierta distancia entre ellos, donde predominaban las flores blancas, una fabulosa pasarela. Yo espero en el mencionado jardín a escasos metros de la entrada.

Mis ropas elegantes una mezcla de charro negro con herrajes plateados que brillan como pequeños soles, mi sombrero y camisa no propias de un charro son de acabado español, eso sí muy finas, una mascada color perla impecable en mi cuello me creía y sentía un Dios. Mi pecho quiere explotar cual bombillo para una mina, pero de alegría y emoción.

Mucha gente distribuida a manera de bayas en todo el cerro, sus caras sonrientes la mayoría cargando en sus manos flores con algo de follaje verde. Escucho la algarabía de la multitud y poco a poco más fuertes las pisadas de los cuatro caballos negros con herraduras nuevas, lo deduje por el impacto de sus pisadas, sobre el perfecto empedrado., muy sincronizados y vienen de prisa, me atrevo a decir que trotan a pesar de ser subida!! algo no encaja o tal vez son mi corazón, nervios ansiedad o todo junto los culpables? venían. jalando camino arriba la impresionante y hermosa calesa con la princesa vestida de novia. Hasta las ruedas del carruaje decoradas, que al rotar caen pétalos al piso., siento el calor y el sudor de los corceles sus agitadas respiraciones que permiten despistar las propias.

Bruscamente el manejador frena el carruaje, descienden el patrón su esposa y la novia, en esa parte no había más personas era exclusivo para nosotros. Me entregó a su hija dejándola en mi lado izquierdo con su acostumbrada voz autoritaria y fuerte me dijo, estoy cumpliendo como los hombres cabron, espero que tu hagas lo mismo, y corporalmente me pidió el sombrero. Si señor con emoción respondí ya en el fondo de mi corazón, juraba amarla y cuidarla por siempre.

Sudaba nuevamente como cera en el fuego, la novia sonreía su aroma aún la siento y recuerdo., se quitó el guante de su mano derecha y lo tomo como parte del listón morado del perfumado y colorido ramo que sostenía a la altura de su corazón, por fin toque su delicada piel.

Siento en su mano el eco de mi excitado y emocionado corazón. Caminamos lentamente a la entrada, acompañados de un coro especial que sale del interior. Estamos ya en la fabulosa capilla, avanzamos lentamente no hay sacerdote tampoco invitados., suelta mi mano alza con delicadeza el velo me ve y sonríe. Por fin su rostro, ¡es bellísima! su aroma y piel no son de esta tierra., su cara tiene diminutos brillos apenas perceptibles a mis pupilas tal vez dilatadas por el mágico asombro.

Sus ojos grandes, claros y tiernos impactan a los míos, siento dicen cosas hermosas a mi corazón., quiero tocar su rostro, no puedo mi cuerpo no obedece sentimientos. Trae una corona que no había visto ni en sueños, no es de metal, ni de flores, se asemeja más bien a una diadema de estrellas, la parte de enfrente ensanchada como dos manos en forma de triángulo o pirámide, parece una pequeña galaxia donde danzan estrellas o luciérnagas muy pequeñas a un mismo ritmo, no es plana tiene profundidad y vida, la siento hay conexión seguro que es un mensaje. El cual a estas alturas no alcanzo descifrar.

Sonriendo aguarda me dice, estoy paralizado la veo que avanza sin caminar, se eleva lentamente a lo alto del altar en movimiento de media luna y en favor de las manecillas del reloj. Realzando su perfecta figura tal corriente de aire en contra que le favorece., el vestido y velo parecen alas de mariposa encantada.

Impactado no puedo hablar menos caminar, percibo aromas semejantes a jazmines y lavanda, pero algo más, algún tipo de incienso o tal vez esencias de aceites muy exquisitos. También una delicada brisa refresca mi rostro., dándome confianza, fuerzas para aceptar y fluir con el maravilloso y quizás irrepetible escenario., no importa que este inmóvil.

Está llegando al impresionante nicho vacío con acabados en dorado, azul rey, rojo escarlata y un enorme cristal con luz indirecta y brillante que no lastima mi vista., es como un sol del atardecer que la espera para darle calor. Se posa como virgen con sus delicadas manos al pecho, su pelo castaño oscuro, ligeramente ondulado cubre más que sus hombros. ¡Está desapareciendo el atuendo de novia!! sus nuevas ropas parecen hechas con los variados colores de aquel altar, donde traté de ver mi cuerpo inerte, y no fue posible en mi primer viaje.

Su angelical sonrisa quedó congelada en su perfecto rostro., también los segundos de su transformación la brisa y su aroma, se han congelado por siempre en mi alma mente y corazón!!!

"No te desgastes buscando afuera lo que por dentro dejas que muera"

CAPITULO SEGUNDO

ORACIONES FE Y GRATITUD, VIAJANDO EN EL TIEMPO ENCONTRÉ SIMILITUD.

El cuarto viaje no solo fue maravilloso, al disfrutarlo, ya que hubo episodios con señales georreferenciadas de tiempos, lugares y hechos. Nada fácil de explicar, de tal forma que les adelanto un poco de lo que hice al respecto desde que fui dado de alta. Por ejemplo, cuando mi subconsciente y esta realidad me hicieron ver que en dicha región existen dos vírgenes milagrosas y muy visitadas, mágicamente supe cuál era desde que vi sus imagines e historias. Fue muy especial porque al pensar en ella verla sentí mariposas en mi estómago, el corazón latía más fuerte, resultó ser la segunda más visitada de mi país.

Primeramente, sus rasgos mestizos se asemejan demasiado a la joven y hermosa mujer quien fuera mi novia. Una fusión encarnada entre ángel india y mujer en lo físico., pero algo más sublime y profundo entre amor, luz y bendiciones. El templo está en un pequeño cerro y sus primeros milagros datan de alrededor de 400 años atrás. Esa zona ha sido agrícola y ganadera por muchos, muchos años y solo está a hora y media del centro hospitalario donde permanecí internado.

Relacionando mi cuarto viaje fantástico con mi nueva realidad, me di a la tarea de atar cabos, coloquialmente hablando., trabajé con mucha energía amor y curiosidad., y un dicho muy antiguo en la sierra dice, el que busca encuentra.

En el maravilloso pasaje de vida, siendo capataz claro que había problemas, luchas permanentes entre explotados y explotadores, conquistadores con la fuerza de las armas. El catolicismo imponiéndose creciendo., producto de un virreinato español por medio de frailees y sacerdotes, también poderosos latifundistas, extranjeros adueñándose de grandes yacimientos de minerales como el oro y la plata. Mi patrón era Gachupin así les llamaban a los españoles posesionados en la Nueva España., en mi caso muy afortunado al estar bajo su poder y un envidiable trabajo.

Los más sufridos eran nuestras etnias. Las divisiones territoriales tenían nombres impuestos por el virreinato., en honor a personajes allegados a la corona o bien de altos jerarcas del cristianismo. A pesar de la gran y rica biodiversidad, la injusticia, hambruna y enfermedades predominaba en los nativos.

Una especie de fusión de realidades me convenció., un viaje al pasado es el gran regalo que mi Dios y el alma me han dado. Me enteré con el tiempo que cientos de personas hicieron mucha oración mientras estuve inconsciente, pidiendo por mi recuperación., sé que Dios y esa virgen milagrosa escucharon sus oraciones con fe, las buenas intenciones de tanta gente y me regalaron nueva vida.

En lo que permanecí en silla de ruedas me di a la tarea de investigar un poco más, y al conocer a las vírgenes en fotografías sus rostros, atuendos e historias, me di cuenta que el físico de una de ellas tenía mucha similitud al de aquella hermosa mujer con quien estuve a punto de casarme, también al rostro de mi hija., más en estos tiempos que es una señorita.

Sé que su amor en gran medida me permitió regresar, mantenerme con vida todo ese tiempo, fue y es mi gran razón mi gran motivo., mi amor por ella y el amor por la vida. Pues implore a Dios al estar muriendo una oportunidad por mi niña, claro que me escuchó y concedió, en el cuarto viaje siendo capataz, mi Dios a través de esta virgen milagrosa me rescató, trayéndome de vuelta a la vida terrenal.

Es más, la gratitud y el sentir que el interés por reflexionar y poder explicar lo que no es sencillo, cuando es parte de un todo.

Más que interesante por supuesto resulta, no descifrar al cien por ciento el mágico misterio que pretendo y ustedes desean escuchar, sigo motivado y aprendiendo. Sin embargo, una brújula muy especial, me da nuevos y mejores rumbos más sentido a lo simple ordinario, y extraordinario. Permitiendo a mis cuerpos conectar más fácil y entender, que la mayor obra de mi vida hasta ahorita es, honrar y sentir al Dios que vive en mí, cuidar este templo, al estuche que me permite ser parte de este plano.

Tener hijos e ir conociendo a mi familia de almas., estar haciendo la tarea que me corresponde, habiendo más congruencia entre ser y estar de acuerdo cada vez más, entre cuerpo alma mente y corazón. No sé en el calendario cuanto me quede de estancia terrenal, razón de más para ser feliz en el camino y volar.

"Gracias también a tantas personas queridas y amadas que hicieron oración y estuvieron al pendiente de mí"

Una vez que estuve físicamente fuerte, decidí visitar a esta virgen maravillosa y milagrosa. Fue un sentimiento una intuición como un sublime radar, una gran emoción que se cristalizaba de una manera extraordinaria., ya que al estar consciente algo en mis entrañas me decía ella es, ella fue, ella te salvó. La ansiedad por verla, conocerla por ir a su templo, darle gracias con todo mi corazón era mucha., solo esperé estar físicamente en condiciones para llegar.

Y por fin el gran día, me presenté en aquel lugar tan concurrido, una multitud exagerada, caminamos un buen tramo y al llegar al templo les pedí me dejaran continuar solo., cargando rosas rojas en mis manos., así abriéndome paso entre la gente logré acomodarme justo en la base de una gran columna, sabía que de esta manera fijando mi espalda en la misma, nadie me podía distraer y menos desplazarme.

Cuando mis ojos la enfocaron creo no parpadeaban, sentí en el pecho en mi estómago en mi cabeza en mi piel una especie de bochorno, como un baño de calor, de luz de energía de sol de amor, ganas de reír de llorar de agradecer de tocarla, abrazarla. Sin importar que es pequeña físicamente, y está a una altura considerable, veía a su alrededor una especie de aura con tonos del arcoíris que se movían y vibraban, como si tras ella estuviera un exclusivo sol por la mañana o atardecer. Mi gran emoción provoco que por instantes desaparecieran las personas y sus ruidos, justo cuando visualice una especie de túnel formado por diminutas chispas de colores, de forma ovalada que nos conectó dándonos privacidad, su aura espectacular cubría por segundos todo el altar se desvanecía y volvía.

Transcurrieron cuarenta minutos aproximadamente, continuaba estático mi respiración activa, fuerte mi espalda y pecho sudaron. Experimenté una fusión de tiempos desde que la vi, su altar muy semejante al de mi tercer viaje eso sí mucho más grande que 400 años atrás. Disfruté exquisito paralelismo, sentí que flotaba aspiré fragancias que traigo de aquel viaje. Dialogamos sin hablar solo con las emociones, reímos le agradecí con mi cuerpo alma y corazón, le pedí no me dejara solo jamás. Y continuar bajo sus ojos, envuelto en el amor universal con salud y mucha luz para cumplir con la misión que me corresponde.

Sigo sintiendo, agradeciendo, estoy seguro que está conmigo y yo con ella, me cuida protege, deseo que esto continúe en esta tierra luego con mi alma eternamente. Es muy raro se me pase darle gracias cada mañana y cada noche, o salir de casa sin abrazarla, justo después de aplicarme loción. Tengo su figura en alabastro en mi recamara y en el pequeño jardín su figura plateada.

Cuando leí sobre ella, unos de los primeros y más importantes milagros fueron en el año 1623, cuando le devolvió la vida a una niña cirquera que cayó sobre unas dagas al tratar de hacer suertes en el trapecio. Una pareja de nativos humildes, tenía una virgen hecha con hojas de maíz principalmente y tinturas (pinturas) orgánicas, al enterarse del fallecimiento de aquella niña trajeron a la virgen a donde estaba el cuerpo, la pusieron en su pecho unos minutos y vino el gran milagro, volvió a la vida la niña.

MI SALVADORA

Mi virgen existe es real milagrosa amorosa y muy querida por mí y por muchos miles de mexicanos. El pueblo de San Juan Bautista era ante todo una República de Indios, desde el momento en que estos se integraban a la cultura hispánica reconocidos como cristianos y vasallos del rey de España. Eran dotados de su propio gobierno bienes colectivos convirtiéndose así en miembros de la República de Indios., equivalente a la República de Españoles, al falso efecto de las dos repúblicas inventadas por juristas españoles después de la conquista.

Se aplicó en todos los dominios americanos donde sometieron a poblaciones autóctonas., dicha ficción simboliza la separación de la corona bajo la presión de las misiones, para sustraer a los indios vencidos ignorantes. Según ellos de los vicios, así como de las brutalidades que los españoles cometían con ellos, las repúblicas de indios eran conocidas como parcialidades territorios jurisdiccionales complejos., cuyo nombre recomendaba su doble origen México Cristiano como es el caso de San Juan de Bautista de Mazatitlán.

Con la fundación de un pueblo se obtenía prestigio religioso político y territorial., ahora la devoción que desean tener los españoles por la imagen era un mecanismo para poblar San Juan y parecía que, al ofrecerse a poblar ese lugar deshabitado, los españoles le hacían un favor a la imagen, es decir prestaban una utilidad pública sin embargo esa utilidad que presumían fueron tierras obtenidas con los mecanismos políticos religiosos de la época. La imagen también traería un beneficio material al territorio de Nuestra Señora de San Juan.

Fundaron nuevo territorio, para ello fue necesario crear una mala idea o imagen de los indios de San Juan de Mazatitlán., el indio era movido simbólicamente de acuerdo con los intereses de las élites sociales y la movilidad también simbólica en el pueblo de Nuestra Señora de San Juan. En primer lugar, los indios para los españoles eran pobres y poco numerosos, por ese motivo según resultaban incapaces de cuidar las riquezas de la imagen y al pueblo de saqueadores. Y aunque quieran los indios hacerlo es imposible, debían de ser contratados por la gran población de españoles que habitaban en los alrededores del pueblo de San Juan, era necesario para los intereses de la élite decir que eran incapaces y justificar la demanda de población.

Los indios tienen fe y no se cuestiona esa fe, basta para ello el reconocimiento que se hace de la India Ana Lucía., como la que conocía las capacidades taumatúrgicas de la Virgen. (fue quien llevo a la virgen y la coloco en el cuerpo de la niña muerta por dagas) El desplazamiento de los indios y de sus tierras ocurrió una vez que el milagro se difundió.

La oportunidad de extender los territorios riquezas y mano de obra barata en la región hacia el Bajío., fue de los lugares en que se desarrollaba una intensa actividad agrícola ganadera minera y comercial., convirtiéndose en la zona más atractiva y próspera de la Nueva España. La institución clerical tuvo un papel importante en este despojo de tierras orquestado por el cura de Xolostitlán Diego Camarena, quien promovió la licencia, dejando las tierras en manos de españoles, la imagen concentraba riquezas. La preocupación por darle la honra que merece era clara y el ideal de impregnar a la sociedad el catolicismo la meta de la élite.

Algunos fieles se mostraban rebeldes en contra de la institución clerical y para ello sirven las narraciones milagrosas. Para enseñar al fiel los peligros que podían correr si no cumplían., con lo que ellos, no podemos hablar de una población que acepta todo reglamento, los fieles elegían lo que les convenía de acuerdo con sus intereses lo transformaban y lo adoptaban en función de sus necesidades.

El nombre español correspondía al objetivo de la corona española, de llenar todo su territorio de catolicismo mientras que el nombre indígena servía para designar que era un pueblo de indios. Cabe decir que por una parte con el nombre occidental se insertaban en la cultura hispánica mientras que el complemento indígena correspondía a su condición jurídica. El nombre de San Juan Bautista nos da indicio de que el pueblo estaba encomendado al personaje bíblico.

El color morado y sus diferentes tonos que predominaron en mis viajes., se los atribuyo a una muy querida amiga, que se dio a la tarea de convencer a muchas personas encendieran la mayor cantidad posible de veladoras moradas., es el color de la transmutación. Agradezco de corazón a esta joven y extraordinaria mujer, su amor energía, humildad, disponibilidad su luz y espiritualidad para con los demás. Mi amor y gratitud a la La India más hermosa que conozco.

"No te desgastes buscando afuera lo que por dentro dejas que muera"

CAPITULO TERCERO

UN DESPERTAR DE INCERTIDUMBRE DOLOR, ALEGRIA Y DECEPCION. -

En retrospectiva recuerdo la pesadilla cuando pedí al doctor que por favor me durmieran esos segundos en los que ya no me importaba nada., pues los dolores me estaban matando muy despacio fue horrible (capitulo primero). Entre sombras visualicé a una mujer de corpulento cuerpo y dura expresión facial, quién se fue transformando en una enfermera en esta realidad, me miraba fijamente fue la primera conexión en este plano, sonrió y me hizo sentir bien.

La incertidumbre era mucha pues mis sentidos y el nuevo escenario no me eran congruentes, ¿desconocía que parte de la historia o viaje me encontraba o que sueño? a qué me estaba enfrentando? Sin embargo, pasaron minutos y horas, dicha enfermera me cuidaba en terapia intensiva. Medio pude ver que mi cuerpo estaba conectado a muchos cables y mangueras diferentes.

Imposible hablar menos moverme, mi vista era algo borrosa y mis oídos poco sensitivos., con muy poca noción del tiempo que transcurría me percaté que tenía una enorme sonda nasogástrica y aparte una mascarilla de oxígeno.

Medio escuché varios sonidos y murmullos de personal médico, sin ver una cara conocida obviamente fui recordando vagamente que había sido víctima de una agresión brutal con arma de fuego. Sin embargo, esta pequeña reflexión no me aportaba gran cosa era una pesadilla. ¿De qué se trataba todo esto? en retrospectiva extrañé a mi esposa e hijos, sentí una ansiedad por ver alguna persona conocida obviamente era imposible, mi cuerpo estaba débil volvía a dormir, a viajar así constantemente regresaba me iba de nuevo.

En cierta manera vivía dos realidades la que dolía y la que no dolía, la del sufrimiento y la de gozo. Los episodios en el hospital se iban alargando y aclarando., fui creando un poco más de conciencia me esforzaba mucho eso me cansaba, así crecía la nitidez.

La primera vez que me dieron un baño de esponja fue terrible porque flexionando, extendiendo mi cama, así pude ver un poco más de mi cuerpo., el cual estaba súper inflamado con gasas, parches, drenes principalmente en la parte baja de mi estómago. La limpieza de heridas era obvia se convertía en una pesadilla, fui comprendiendo que era en esta realidad consecuencia de algo traumático. Dolía física y emocionalmente aceptarlo, así continuaba en viajes de gozo, aquí tenía miedo.

Hasta que me cayó el 20, me dije no puedes continuar jugando al sí al no, al miedo a la cobardía, recuerda que imploraste una oportunidad de vida a Dios y te la ha concedido., la tienes, estás muy maltratado muy mal, pero tienes vida.

De algún lado agarré valor coraje fuerza, dije no voy a claudicar debo enfrentar todo como viene, así pues, con un cuerpo adolorido y maltratado, pero es mío es lo que tengo y sea bienvenido a cuidarlo y trabajar con el y hasta exigirle que nos recuperemos. Si los doctores lo cuidan es mi obligación hacerlo también.

Sentí un gran alivio cuando por vez primera vi a mi esposa tocando mi mano izquierda y hablaba en voz baja. Estás fuera de peligro todo está bien, tranquilo descansa seguía sin hablar, pero escucharla, verla era suficiente de gran ayuda a mis cuerpos. Asumo que seguían pasando semanas hasta que por fin medio pude pronunciar una que otra palabra, con mucha dificultad pregunté por mis hijos, están bien los niños nos cambiamos de ciudad retomaron clases, tú estás fuera de peligro sin embargo esperaremos un poco, primero Dios pronto estarás en terapia intermedia y voy a traerlos para que los veas., preguntan demasiado por ti, les digo que tuviste un accidente y estás delicado, pero que pronto podrán verte y platicar. Fue muy alentador que me hablara de terapia intermedia y saber de mis hijos.

Pasaban días y más días, la rutina en mis cuidados y atenciones era exagerada creo, diariamente a la misma hora entraban dos técnicos con una enorme máquina de rayos X para monitorear mis pulmones., me quitaban la ropa y aquellas placas eran frías como hielos, me forzaban a sentarme con dolores intensos., con solo recordar siento escalofríos, fue de lo más molesto, sin embargo, bromeábamos ya cambien las ruedas a esa máquina., pues un rechinar muy peculiar molestaba bastante. Sería bueno señor, pero no depende de nosotros, ¿ya somos como el disco rayado verdad? comentaban.

Teníamos que jugar era necesario, recuerdo la primera vez que me forzaron a ponerme de pie con la ayuda de dos enfermeros, era horrible hasta la altura entre mis ojos y el piso me asustaba era demasiada., estaba acostumbrado a la cama. Pero bingo, soporte 18 segundos con mis piernas temblorosas cual potro recién parido.

Justo tenía tres días en terapia intermedia y una doctora guapísima y amable se acercándose me dijo, señor estamos muy contentos yo en lo personal feliz porque usted va mejorando estupendamente., soy nefróloga cuando estuvo en terapia intensiva fui la encargada de sus riñones y nos asustamos unos días porque se paralizaron completamente, para que me entienda haga de cuenta que volvieron de cemento algo así como petrificados., estuvimos a punto de dializarlo, pero trabajamos y gracias a Dios usted ya es otro.

Deseo que pronto esté con su familia recuperándose y retome su vida normal, es un guerrero es un gusto conocerlo tratarlo yo me despido mi negocio ha terminado solo vine a presentarme a saludarlos y desearles lo mejor buenas tardes. Me quedé boca abierta empezaba a enterarme de muchas cosas que desconocía agradecí de corazón la gentileza de la joven doctora.

En cuestión de días llegaron nuestros hijos, antes de verlos pedí a la enfermera que me tapara totalmente con las sábanas y que sólo mi cara estuviera al descubierto., esa cara que unos días antes pedí verla en un pequeño espejo y quedé asombrado, me asuste no soy yo les dije, pues he sido delgado siempre y con 20 kilogramos menos, ustedes imaginen.

No quería me vieran conectado a tanto equipo y débil, mi hija pequeña estuvo aproximadamente media hora tocando mi mano derecha por encima de las sábanas., con mucha ternura me daba masajes y besitos también a mi frente y estuve muy feliz.

Seguía dando gracias a Dios ya había visto a mi familia empezaron a surgir unas preguntas de mi parte, tenía más energía poco a poco mi esposa me contestó lo más importante. Resulta que mis hijos ya estaban inscritos en otro colegio en dicha ciudad asistiendo a clases normalmente, me aclaró que había cirugías posteriores agendadas que eran muy necesarias.

Ya estando en terapia intermedia la primera cirugía en llevarse a cabo fue la de mi pulmón derecho pues oxigenaba muy por debajo de lo normal a pesar de ejercicios y una serie de medicamentos no mejoraba. Se llevó a cabo fue una cirugía de 4 horas y los próximos tres días fueron muy dolorosos ya que el tener tres mangueras entre mis costillas no era cualquier cosa, con temperatura altas y tos incesante sentí que moría algo no estaba bien decía el doctor hay un bicho por ahí que no encontramos.

Una mañana vino el especialista a revisarme y les preguntó a las enfermeras ¿Cuándo fue la última vez que le cambiaron la sonda uretral a mi paciente? doctor no la hemos cambiado, por favor Inmediatamente me la cambian y la mandan a laboratorio, bingo ahí estaba el famoso bicho que me estaba medio matando un hongo terco y muy escondido, en dos horas me estabilizaron y esto fue dormir y más dormir.

En uno de mis baños de esponja comenté a una enfermera que se me ardía demasiado la parte posterior de mis pies., estaban ulcerados y no se habían dado cuenta por atender lo más importante, eran detalles menores sin embargo ardían como chile, también había úlceras en el coxis y la parte posterior de mi cabeza. Pues eran meses acostado boca arriba, tuvieron que meter entre cama y cuerpo un colchón inflable el cual su compresor hacía ruidos espantosos, pero bueno era lo de menos.

Analizamos la situación de qué tan prudente sería quedarnos en dicha ciudad o emigrar a otra y tomamos la firme decisión de trasladarnos más al sur del país con climas más cálidos más tranquilos y alejados del norte. Cómo tendríamos que viajar en avión una vez que fuese dado de alta uno de mis brazos y antebrazos tenía estructuras metálicas y clavos externos muy incómodos.

Lo comentamos con un especialista y tomamos decisión de que se llevaría a cabo una segunda cirugía, para retirar estructuras y poder viajar con ropa normal, me intervinieron conforme lo programado yo ilusionado y optimista y después de dos semanas de recuperación resultó que había perdido 100% la sensibilidad de todo mi brazo.

Fue angustiante me hicieron pruebas y más pruebas y toda mi extremidad estaba muerta así lo llamé, reclamé con todas mis fuerzas al cirujano de lo sucedido le dije eres culpable porque mi brazo tenía movilidad.

Yo practiqué una buena cirugía me dijo, pero sí había mucho daño por las heridas., solo sé que eres culpable le dije de nuevo. Y de pilón el arrogante doctor no quitó lo exterior, solo acortó los metales y colocó una placa de titanio no fue tan hábil y cobro un buen dinero, en la manipulación fregó mis nervios., quería ahorcarlo.

Obvio en cierta manera se sentía muy presionado, se dio a la tarea de conseguir un cirujano especialista en nervio periférico, me hizo una serie de estudios me dio opciones me dijo que necesitaba entrar a mi brazo para ver los daños y que podría hacer. Mencionó que lo más importante era el factor tiempo, los nervios y tendones son muy delicados en todo su aspecto.

Tal vez tengamos que hacer injertos me dijo y quitarle de la parte posterior de sus piernas lo que vayamos a ocupar., adelante doctor y quiero que cuando me practique la cirugía esté el culpable, también el jefe de área., como usted guste cuente con ello me respondió. Me dio esperanza lo sentí sincero, muy profesional porque habló de casos y me compartió videos y fotos de cirugías exitosas.

Se llevó a cabo la cirugía programada y bendito mi Dios, al tercer día toqué las yemas de mis dedos fue maravilloso sentir, permanecerá su brazo un mes protegido y con férula, dijo el cirujano que importa pensé. En las curaciones a mi brazo y antebrazo pude contar 180 grapas metálicas, lo habían fileteado completamente, valió mucho la pena., literal la extremidad pareciera una pequeña maleta con diferentes compartimentos.

Pasaban días y semanas, en uno de los diálogos con mi esposa tuvimos diferencias, me molesté y la consecuencia en la noche madrugada fue de consecuencias. Depuse exageradamente fue horrible, se presentó un gastroenterólogo muy temprano acompañado de una enfermera y me dijo, voy a revisarlo, me exploró esofágica y rectalmente fue muy agresivo, grité como un mocoso, me dijo menos mal que no hay sangre fresca porque hubiese sido necesario operarlo de emergencia.

Nuevamente me pusieron otra nasogástrica para evitar complicaciones, cuando apenas llevaba tres semanas con dieta blanda fue decepcionante pero necesario. Ilusionado porque faltarían dos o tres semanas para darme a alta, aceptar lo que tenía que aceptar., tuve tiempo suficiente para meditar tantas cosas de mi vida. Interioricé autoevaluándome, con mi vida y personas, empecé por hacer las paces con todas las personas conocidas o no, desde la más simple diferencia hasta el peor problema del pasado, incluyendo los culpables de haberme hecho tanto daño y decidí perdonar. Si Dios está conmigo vive en mí, no pienso soltarme jamás de su amor y de su luz., soy privilegiado con mi alma y agradecido por siempre por esos viajes inimaginables, vivirlos y traerme de vuelta a este cuerpo para seguir juntos.

Empecé a valorar lo de mis viajes y aplicarlo en mi nueva vida, en mi nueva oportunidad de crecer y hacer las cosas de mejor manera, entendí la importancia del ser y estar, del presente mismo.

A cierta hora de la tarde en un edificio de al lado en el mismo centro médico y un piso hacia arriba a una distancia de 20 m aproximadamente, había una planta al parecer de la familia de las agaváceas típica de la región., la veía a través de un doble y gran ventanal, a esta llegaban cálidos rayos de sol con una intensidad envidiable, la observaba con mucha calma, hasta que cierto día me atreví a pedirle con todas mis fuerzas, un poco de calor y energía del padre sol.

Tenía hambre de su calor, de su energía sentirlo, al segundo día de pedírselo con tanta fe con tanta necesidad, empecé a sentir el calor del sol, como entraba por mi coronilla, esparciéndose por todo mi cuerpo y aceleraba mi sangre dándome vitalidad. Los días subsecuentes era lo mismo en cuanto yo la veía sentía el calor, dialogué mucho con ella y agradezco porque gracias a esa conexión a esa súplica., hoy tengo una afinidad y gran respeto a todo tipo de plantas, (A la vida en general) siembro las más que puedo., en mi recamara tengo una que ya toca el techo y no quiero mutilarla. De esta forma empezaba a poner en práctica lo que aprendí en mis viajes. Es maravilloso sentir y soltar, pedir con esa fuerza desbordante que se gesta en nuestros corazones y hasta en las vísceras quizás. Aprendí también que la intención se materializa, pues somos energía, fuerza creadora.

El pronóstico era bastante bueno, se hablaba de posibles dos tres semanas para darme de alta. Habían retirado de mi pecho un catéter, ya mis venas de ambos brazos no soportaban las pinchadas tronaban como si fueran de papel., optaron por suministrar medicamentos pinchando mis venas de los pies, nada agradable a pesar de que lo hacían con agujas para bebes, eso me comentaban.

Mi organismo sintió la poca o nula cantidad de antibióticos, el sistema inmune muy mal., el abdomen empezó a inflamarse, esa gran herida vertical se estaba infectando, eran fuertes dolores que empeoraban rápidamente. Llegó el mismo gastroenterólogo que me había revisado, se presentó nuevamente con una enfermera igual en tiempo y forma a la vez anterior., con una charola llena de instrumentos, cosas raras y me dijo, voy a tener que revisar la herida de su panza, limpiarla porque está inflamada existe irritación y algo infección.

Empezó aquella tortura, tronaban los grandes hilos enterrados y de colores., parecían de cañas para pesca mayor. Soluciones antisépticas, agua a presión muy fría más el instrumental haciendo lo propio, entraban entre piel y el resto de las capas abdominales, todo salpicaba hasta el techo de la habitación, doctor y enfermera parecieran estar navegando un parto de emergencia todos manchados con mi sangre.

Grité en más de cinco ocasiones como un chiquillo. Solo fueron 20 minutos, pero sentí que fueron horas, por momentos mi vista se volvía oscura. Una vez que él terminó su trabajo me dijo, esto normalmente lo hacemos con anestesia, pero en su caso no había tiempo, así que por favor discúlpeme, no contesté no tenía fuerzas me quedé dormido. La morfina no se hacía esperar, después de que los analgésicos comunes no surtían efecto, mis delgados tríceps quedaban morados.

Descansé una semana aparentemente todo normal y en la próxima me darían de alta., sin embargo, una tarde empecé a registrar una arritmia cardíaca, alertó esto a los doctores y fui trasladado a un pequeño laboratorio para estudios, fue de varias horas. Un técnico muy amable, estuvimos dialogando viendo aquella pantalla con tantos colores, picos y diagramas raros, afortunadamente se controló en 24 horas.

Eran tantas mis ganas de asomarme a la calle de salir, de oler el smog el transitar de la gente los vehículos, que se lo pedí a los doctores y me concedieron 20 minutos, un amable enfermero me llevo en silla de ruedas., estuvimos afuera ese tiempo, fue espectacular.

"No te desgastes buscando afuera lo que por dentro dejas que muera"

CAPITULO CUARTO

LLEGANDO A CASA
UN ENCANTO MUY CORTO

Pues bien, una magnífica noticia llegaba a mis oídos el mismo subdirector de área fue y me dijo lo felicito usted en cuatro días está dado de alta va a cumplir por favor con su responsabilidad esa otra parte al pie de la letra las instrucciones de los colegas y estarse checando, fue quizás la tercera mejor noticia desde que desperté.

Era fin de semana, las 10 a m, mi esposa trajo ropas cómodas era un escándalo., me sentía de fiesta, como un joven a punto de graduarse del colegio, todo era alegría gratitud sonrisas para la una de la tarde me estaban bajando.

En mi silla de ruedas me despedí de aquella planta que me compartiera sol, de cada persona y porque no decirlo hasta de objetos, pedí se acercaran para abrazarlos con algunas me tomé fotos, había sonrisas por todos lados. Me llevó un enfermero hasta la calle donde aguardaba un taxi estacionado fuera del hospital, mi esposa me acompañaba sin embargo un pequeño revés apagó por un rato mi felicidad y mi gratitud no subió al taxi donde yo viajaría al domicilio donde guardaban mis hijos., me sorprendí cuando le dijo al chofer, por favor siga a su compañero de enfrente otro coche, ni hablar.

Cada quien en carro independiente llegamos a casa, mis hijos felices, nos abrazamos me ayudaron un poco con la silla llevándome al patio un césped recién cortado fresco con humedad., les pedí quitaran mis calcetas y poder tocar en la silla el pasto, aquel sol me abrazaba estaba en su esplendor sentía el amor, estaba yo de fiesta.

Me fue asignado el cuarto de servidumbre, obviamente no podía subir escaleras pequeño muy reducido, pero igual me las ingenié para bañarme asearme sobre todo la colostomía que era un poco incómoda y el brazo derecho todavía no podía hacer nada, pero el izquierdo sí. Mis hijos felices seguían asistiendo a su colegio ya hablaban de las vacaciones de verano, preguntaban qué haríamos a dónde iríamos., platicamos un poco de planes que teníamos mamá y papá, quizás aprovechar las vacaciones de verano para trasladarnos a una ciudad del sur., les dije su madre ya inicio trámites para inscribirlos en otro colegio muy bonito grande y con mucho jardín, no mentí pues era en el trópico.

Al tercer día de estar en casa en familia un enfermero que ya conocido en el hospital e iniciado con mis fisioterapias se presentó, estaba agendado un día por uno de descanso, amable y profesional solíamos tener agradables pláticas.

Transcurrieron dos semanas y viene otro no tan pequeño revés., mi esposa dijo, he analizado tantas cosas y quiero divorciarme que sea de común acuerdo, es sencillo en tres meses se arregla el trámite. Una muy desagradable sorpresa me quedé casi paralizado, le dije que era algo muy presionado y que no me hacía bien, ¿cómo crees? si tenemos planes de continuar y recuperarme, incluso hacerme la cirugía en aquella ciudad tal cual lo tenemos contemplado, recuerda que hasta me sometí a una cirugía para viajar más cómodo, que por poco y pierdo mi brazo.

Me dijo estoy más que cansada preocupada tengo miedo tengo pánico, me siento enferma y ya no quiero seguir contigo. No tienes idea de lo que he vivido, quizás tengas que irte enterando de cosas y casos que no sabes, total ya tienes fuerza suficiente y estás dado de alta. Adelante te escucho le dije, pues bien, cuando te hirieron aquella noche espantosa en lo que estabas debatiéndote entre vida y la muerte y en plena cirugía., la misma noche madrugada llegaron a recepción un par de policías uniformados que no se identificaron, preguntando por tu situación quién los atendió les dijo que estabas muy mal estabas en urgencias en cirugía ellos se limitaron a dar las gracias y dijeron está bien, entonces más tarde vendrán a terminar el trabajo.

Fue horrible escuchar , veamos las cosas con calma lo que es primero es primero, somos una familia que está unida y tenemos planes, te propongo esperarnos un año si estás cansada y temerosa no estés conmigo., se pueden ir a cualquier ciudad de tu elección y yo me quedo aquí o me voy a otra , pero no quiero divorciarme necesito mantener una comunicación ustedes son la parte más importante para yo recuperarme , es muy triste lo que me estás proponiendo aún con los argumentos que me digas ponte en mis zapatos.

Le dije antes que nada te agradezco de corazón todo lo que has hecho por mí y te lo voy a agradecer toda mi vida y te pido perdón por tal situación., discúlpame de verdad tú desconoces de igual manera yo ni idea por qué y de donde llego esta situación tan difícil.

Fue terrible esa noche no sabíamos si vivirías o morías , después de cuatro horas de cirugía cuando sale el primer doctor y nos dice es muy delicado muy grave lo que sucedió , y lo que está pasando en el cuerpo de su esposo es que son demasiadas heridas muchas lesiones internas, su estómago está destruido el pulmón derecho también los intestinos, el hígado para que me entienda esta como una sandía cuando es arrojada con fuerza al concreto totalmente destruida así está el órgano del señor., y si en 72 horas no trabaja el hígado no hay nada por hacer.

Así que señora a rezar y pedir solamente un milagro. Bendito Dios porque en 72 horas los doctores nos dijeron hay paciente para operar así que ahí estuviste abierto como un cabrito, el personal médico y la misma dirección del hospital nos sugirió que si teníamos manera o la economía te sacáramos de ese lugar por seguridad y bien de todos. Pues habíamos contratado seguridad privada para que te custodiaran por el miedo a que fueran a rematarte.

Pasaron dos o tres días y decidimos moverte a otro lado a esta ciudad te sacamos del centro médico vía aérea hasta el aeropuerto y posteriormente en otra ambulancia aérea para trasladarte a este lugar., a medio vuelo tuviste una crisis cardiorrespiratoria y estuviste a punto de morir afortunadamente el doctor y la enfermera que te acompañaban lograron estabilizarte.

Te comprendo y nuevamente gracias y de verdad perdóname no está en mí , no tengo la más remota idea , pues a mí no me pidas perdón me dijo, con voz exaltada pídele perdón a él señalando con su dedo indice un cuadro precioso con la imagen de Jesús de Nazaret ., me lo habían regalado mis hijos y ella días antes de mi alta junto con un rosario plateado que aún conservo, la imagen estaba sobre una mesa y me ordenó, Pídele perdón a él a él realmente híncate!, obedecí me hinque le pedí perdón., esa tarde fue todo lo que hablamos me sentí hasta cierto humillado, estaba realmente más que agradecido con Jesús., pues un disparo pasó a tan solo un centímetro de mi corazón, explicaron los doctores, y en la bolsa interior de mi saco traía la imagen., ya le había dicho que él fue mi salvador.

Esta situación empezó a provocarme nauseas insomnio estrés. Por si fuera poco, una tarde me hablan del colegio a casa en calidad de urgente, no estaba mi esposa, pero pude atender el teléfono, me dicen su hija tuvo una crisis, estamos muy preocupados porque el departamento de enfermería de la escuela no pudo hacer nada y fue trasladada a un hospital., está en urgencias necesitamos que venga. Sentí el tercer strike se me acabaron las fuerzas no podía ni marcarle a mi esposa el enfermero que estaba atendiéndome el fisioterapeuta se ofreció a llevarme, le dije no puedo hacer nada en estas condiciones mejor ayúdeme por favor marcándole a mi señora para enterarla y se traslade al centro hospitalario con mi hija. Sentí morirme de nuevo., me explicaron la niña va con sus ojos sin reflejos y su boquita abierta, con sus labios morados aparentemente inconsciente.

Por fin contestó la madre de mi hija, la enteré se fue a verla, ya por la tarde noche se comunica conmigo me dice que están en valoración que le están haciendo estudios, que se quedaran esa noche y quizás mañana la den de alta. Así que pendiente y tranquilo otra persona va a ir por los niños para llevarlos al colegio en la mañana.

Al día siguiente a la hora de comida llegan a casa, mi niña agotada triste yo no sabía cómo actuar, evité de mostrarle tristeza se veía como dopada, lo único que habían diagnosticado era una falta de irrigación en su cerebro, pero en los estudios posteriores le prohibieron algunas cosas de las más importantes que recuerdo, andar en bicicleta no albercas no trampolines no columpios etcétera.

Las noches eran pésimas, mi hija se incorporó a clases, pocas semanas ya para salir de vacaciones. A pesar de las circunstancias mi mujer una mañana me sorprende con un escrito acompañada de un abogado. Quiero que leas muy bien este documento y si estás de acuerdo lo puedes firmar., leí con detención, por supuesto que no firmaré jamás lo haría, porqué me contesto.? simple y sencillamente porque primero no puedo escribir una sola letra eso te consta, segundo propones quedarte con el 90% del patrimonio y con la patria potestad de mis hijos. Eso es muy injusto, aunque me dieras el 100%, por la situación de mi hija yo no quiero el divorcio., bien me dijo entonces así dejamos las cosas.

Mi esposa constantemente viajaba a nuestra ciudad de residencia, pues había una serie de trámites pendientes que tenía que atender., habíamos tomado la decisión de vender nuestro negocio no era la gran cosa, pero sí la parte más importante de nuestro patrimonio. Un predio agrícola y ganadero en el cual yo había soñado convertirme en abuelo y pasear a mis nietos en caballos y tractores.

Ni hablar eran cosas que tenían que atenderse y seguir adelante. por esas fechas me visitaron mis padres y hermanos no los había visto desde antes de ser internado. Extrañé no verlos en el hospital en terapia intermedia, les pregunté dijeron que jamás se enteraron ni siquiera en qué ciudad yo estaba menos de hospitales, estos meses hemos vivido una angustia tremenda., pregunté a mi esposa de esta situación, me dijo tuve comunicación solo con tu hermana y le explicaba nada más lo necesario, así que no es tema relevante, tú sigues con tus terapias y tranquilo que lo demás yo lo voy a arreglar.

Faltaban solo unos días para vacaciones y ella decide viajar de nuevo deja a mi hija pequeña con una persona desconocida, una señora que conoció cuando el contrato de arrendamiento de la casa se firmó., lo hizo porque no estuvo de acuerdo en que mi hija se quedara en casa y la atendiera su abuela o sea mi madre. Esta situación fue muy molesta para mí, tanto así que a su regreso le propuse quedarse y yo rentar otro lugar, no me hace bien estar en esta casa le dije muy bien como gustes, tú decides lo importante es que te atiendas.

Se vino abajo todo el plan que teníamos previsto desde antes de ser dado de alta, ya fue limitada la visita para con mis hijos, solamente en los términos que ella decidió días y horarios. En mi nuevo domicilio me acompañaba mi madre y una hermana, llegaron las vacaciones tenía que valorarme un especialista para mi última cirugía de mi panza una reconexión y decir adiós a la cansada colostomía. Llegó la fecha esperada para mi última cirugía previos estudios de valoración., me acompañaron mi hermana madre y un compadre la esposa apareció el día que fui dado de alta. Nos despedimos le di las gracias.

"No te desgastes buscando afuera, lo que por dentro dejas que muera"

CAPITULO QUINTO
LA PEOR DESPEDIDA

Una tarde marca a mi celular diciendo, solo hablo para decirte que ya nos vamos por si quieres despedirte de los niños. Sentí un vacío espantoso en mi pecho y en mi panza, en cuestión de minutos llegué a la casa., esta vacía como yo, las maletas a la entrada, esperan dos servicios de taxi para ser trasladados a la gran central camionera, los acompañaba mi suegro.

Mi recuperación permitía manejar sin problema, quiero que mi hija me acompañe aprovecharla este tiempo en lo que llegamos a la central, de acuerdo pero que te acompañe mi padre, ¿te parece? claro, disfruté a mi pequeña en el trayecto y más con sus hermanos en lo que salía el autobús, tomamos fotos comimos bocadillos y bebimos refrescos.

Viene un momento súper difícil a la hora de que suben todos al transporte mi hija lloraba y gritaba desconsoladamente. Fue horrible tuve que aguantar lo que sentía., de alguna manera sentí llorar en mi interior hacia adentro no quería me viera triste. Se regresaba no podían controlarla gritaba y lloraba más fuerte, juraba que los iba a acompañar, quería quedarse conmigo y a su vez fuera a su lado. Permanecí como sonámbulo mandándole besos con mi mano izquierda y con la derecha moviéndola como un robot hasta que partió aquel autobús.

Fueron varias noches y días soñando a mi pequeña, también veía en otras niñas su cara bañada en lágrimas. Tuve por meses una fotografía en la entrada del departamento con mis tres hijos me daban alegría y también nostalgia.

Cierta noche llegue de un viaje, algo cansado, me sentía débil, y una tristeza espantosa, un gran nudo en mi estómago y garganta., por unos segundos permanecí estático ante la foto, no había nadie que me acompañara, aquella sensación detonó en mi un llanto de niño, lloré y grité tal vez como lo hizo mi hija en la central., empapado en lágrimas me recosté en el sillón grande, pues mis fuerzas creo acabaron y dormí como un chiquillo.

Me levante como nuevo, había purgado en cierta manera, el gran nudo salió y sane de ese dolor. Desde esa noche no he vuelto a llorar por nada ni ante nadie. Desconozco como y cuando pueda suceder la necesidad de llorar. No podía hacer más, la vida me seguía probando y yo no podía claudicar ni titubear.

Después de eso la comunicación fue cada vez más económica y limitada, menos de lo necesario pues las pocas llamadas se volvieron mensajes de texto jamás un dialogo con los hijos., era obvio tenía mis dudas, saber qué pasaba, los términos en que se estaba manejando todo, la salud de me niña las propiedades, investigaciones etc. Me dijo no te preocupes tú confía y sigue atendiéndote todo está bien. ¿Surgían nuevas interrogantes cómo es posible que haya regresado a la ciudad donde intentaron matarme? Le creí cuando dijo que tenía miedo, que tenía pánico no comprendo.

Pasaron dos años y permitió a los hijos dos salidas conmigo una semana por cada año, los disfruté fuimos a la playa fue maravilloso. Sin embargo, las despedidas con mi hija eran lo mismo, se volvía un mar de lágrimas, tengo su carita lágrimas y gritos, como nítida fotografía en mis ojos oídos y corazón.

Un tercer año después decidí visitarlos, en dos ocasiones fue posible unas cuantas horas, me regresaba a mi ciudad., a petición de mi señora y de su abogada que llegó a decirme por teléfono que a la mayor brevedad posible me alejara de la familia pues yo era a su criterio una amenaza latente. Ya para el próximo año no pude verlos a pesar de ir al domicilio no se abrieron jamás esas puertas para mí. Desconozco si había o no personas en casa ya no regresé, decepcionado mas no rendido, asistí al colegio y gracias a un sensible y cariñoso profesor, al que agradezco y abrazo por siempre., pude verlos por minutos a mi hijo e hija, el más grande estaba en la universidad., pero ya para una tercera hubo restricción me lo dijo así personal del colegio.

Después de año y medio sin verlos me enteré de la graduación de prepa de mi segundo hijo, obviamente no fui invitado. Investigué el domicilio de la misa otra sorpresa, se llevaría acabo en el templo donde su madre y yo nos casamos años atrás. Naturalmente me presente con mucha emoción, antes de entrar compre la única fotografía disponible con los graduandos, no había una sola donde el estuviera solo., quizás suerte? Tal vez, la conservo en mi oficina es algo muy especial para mí. Al final de la misa abrace y felicite a mi hijo. También a su hermano y hermanita., fueron diez minutos muy intensos su madre me saludo de palabra y se marchó sin más al estacionamiento., Nos abrazamos en la despedida hubo muchas sonrisas quedé agradecido con Dios y con ellos.

Una noche en un restaurante con amistades, al pie de la mesa contigua que estaba vacía, pude ver en el piso algo que brillaba un pequeño objeto metálico plateado., con cierta discreción lo tomé era una memoria USB la guardé en la bolsa del saco y la traje conmigo tres días cuando hubo oportunidad la conecté pues era mucha la curiosidad.

Gran sorpresa me llevé, trataba de un tema para mi totalmente desconocido, material de una mujer conferencista que había llegado a la ciudad. El SAP Síndrome de Alienación Parental, al ver la definición: Consiste en la conducta que llevan a cabo el padre o la madre que tiene la custodia de un hijo o la hija que injustificadamente impide las visitas y convivencias con el otro progenitor, causando en el niño o niña un proceso de transformación de consciencia que puede ir desde el miedo y el rechazo hasta llegar al odio.

Algunos ejemplos en los menores son: rechazo sin motivo aparente hacia ti, con conductas injustificadas, utilizan frases o expresiones negativas típicas del otro padre o madre, tratan de evitar los encuentros que tienen contigo se ponen agresivos o irascibles.

La Comisión Nacional de Derechos Humanos pretende posicionar el tema como de interés y atención prioritarios, con la finalidad de prevenir violaciones a los derechos humanos de niñas, niños y adolescentes que pueden ir afectando su normal desarrollo, y su derecho a la identidad, al apego, y a desarrollar una convivencia pacífica y permanente con el padre o madre que no tenga su custodia, cuando así proceda., como consecuencia de conductas de alienación parental. Las afecciones que se causen a la niñez víctima de estas conductas pueden ser de muy difícil, si no es que imposible, preparación., de ahí la necesidad y el compromiso de aportar al conocimiento y manejo adecuado del tema.

Este tipo de conductas, de inicio, pueden ser vistas como un problema familiar, pero al formar parte de todo un proceso destructivo van a tener proyección y repercusión social. La alineación parental afecta el sistema familiar y sus subsistemas, así como la dinámica familiar.

.

Pareciera que el ángel de mi guarda nuevamente me ponía en el camino evidencias señales signos apoyo., lo comenté con algunas amistades y un abogado de lo familiar me explicó tu situación encajaba perfectamente. El detalle es que por esas fechas ya era mi exesposa. ¡Al preguntar en el registro civil otra sorpresa! un juez meses atrás le había concedido el divorcio por la vía contenciosa a petición y demandas que ella promovió.

Entre otras la patria potestad de nuestros hijos, comentaron que podía y estaba en mi derecho, poner contra demandas, decidí no hacer nada, son juicios que desgastan y requieren de tiempo. Obviamente me olvidé de lo legal, irónicamente por hacer las cosas legales se adueñó premeditadamente no solo de mis hijos sino de todo. Razón de más para quedarme con lo bueno del vivir, el amor y la bendición de ser padre.

Creo en el amor de pareja, pero endosarlo como un bien inmueble ya es el primer strike, empieza a ser volátil el encanto de la vida compartida entre hombre y mujer., todo en un papel que inventaron para hacerlo propiedad y exclusivo. Desde mi punto de vista solo sirve para que haga negocios el más listo. Con lo que he aprendido sin buscarlo, es que irónicamente la moral social ha sido creada para poder hacer y deshacer y perdonar, tomándolo como normal.

He conocido la moral de la consciencia por encima de la razón, de tal manera que decido usar el lente del amor y de la gratitud, así pues, me siento mejor y más ligero en la vida, en la mía en mi verdad. Por ejemplo, en una fiesta es normal que bebamos alcohol y lo permite la moral social, pero también inventaron leyes para controlar y hasta sacar otros beneficios. La moral de la consciencia nos dice que el alcohol no debemos tomarlo porque es un veneno, aunque suene exagerado., pero la moral social nos dice que para todo hay lugar y ocasión, que lo hagamos con moderación. Así pues, tenemos en nuestras calles más expendios que árboles o que farmacias, que tampoco son de mi agrado. ¿Porque? Porque simple y llana mente interpreto que hay más gente enferma que existe crisis de salud., por otro lado, las personas por cualquier jaqueca van hasta caminando a comprar medicamentos por estar cercas, y últimamente también consultan. Se acaban los tiempos del tecito casero o la clásica bebida de la abuela, ¿ignorando el porque me duele la cabeza? Ignorando la causa.

Agradezco mucho a doctores y personal que nos atienden y a la medicina de patente (alópata) después de mi Dios me salvaron de morir. Pero en casos realmente que ameriten, quizás urgencias o enfermedades cronicodegenerativas, por mencionar algunas. Sería muy bueno que por cada expendio o farmacia plantaran dos árboles de la región, mínimo. Y me van a decir que no hay agua, ¿y cuantos litros de agua creen que se requieren para un litro de licor o de cerveza? O la que necesitan los grandes laboratorios sin contar los desechos tóxicos. Investiguen porque me van a odiar si les digo.

He visto escuchado y leído que el futuro de la humanidad quizás sea entender, respetar e imitar la inteligencia delas plantas en general., toda vez que ellas se protegen unas a las otras y son las que tienen más antigüedad en la tierra. Ya el hombre estudioso imitó a las aves a los peces y hay mucho bueno de eso, pero mucho malo, nuestra madre tierra muere por culpa de todos.

Retomando el tema no pienso casarme, aunque me enamore y paguen la boda. Estaré con ciertas damas siempre y cuando exista ese amor que excita y reinventa entre dos, que juega, se desvela, sabe dormir, soñar y viajar profundamente., pero que sea genuino compartido y correspondido. (mientras halla injundia y rechine el surten todo sabe muy bien, decimos en la sierra).

Tiempo después asistí al fraccionamiento con la intención de llegar a nuestra casa, me llevé una muy desagradable y triste sorpresa, el personal de seguridad no me permitió el acceso., pregunté por qué? me dijeron son órdenes de la dueña del domicilio. Me mostraron en el interior de la caseta una hoja tamaño carta con mi fotografía montado en mi coche, mi nombre con apellidos en letras mayúsculas en la parte superior., me sentí como un delincuente de esos que tienen en alerta los bancos en sus cristales. Y me pregunto de nuevo, ¿mujer por qué hiciste tanto por salvarme la vida y ahora me estas exhibiendo, exponiéndome de esta manera? acaso quieres que me encuentren y quiten la vida de una vez por todas? ¿Porque te regresas de nuevo con mis hijos que están creciendo, a la ciudad menos indicada? ¿No recuerdas que tenías mucho miedo por ti y por ellos? ¿Acaso te convertiste en otra persona? Y también pregunto a mis tres hijos: ¿qué es lo peor que tienen que decir de su padre? Para seguir ignorándome.

Desconozco si ellos saben que su progenitor fue publicitado por su madre, cuando tienen muy clara nuestra historia., ya qué importa, comentan están muy lejos, en otro país.

Cada vez se fueron complicando y alargando los plazos para vernos sin comunicación por ningún medio en absoluto, incluso hablando con sus familiares., con quienes tengo cierta comunicación, les pregunté en varias ocasiones qué pasaba con mi exmujer., dicen hace años cambio demasiado no convive, se comunica esporádicamente y tampoco permite a los hijos se acerquen a nuestras familias.

El tiempo sigue su marcha hace un año y 4 meses después de tres y medio años sin verlos ni hablar por ningún medio, falleció su abuelo y me presenté en misa de cuerpo presente, al final me acerqué a darles el abrazo. Empecé con mi hijo el más grande luego el más chico y en tercer término saludaría a mi exesposa., me acerqué al verme se dio la media vuelta sin embargo de dos pasos volví a ponerme de frente, abrí los míos y le pregunté puedo abrazarte? no le quedó de otra solo me dijo gracias, la abracé su pelo cubría parte del rostro. Salí de aquel lugar con el corazón acelerado pues quería abrazar a mi hija sólo faltaba ella.

En aquella multitud, la mayoría de las personas con ropa oscura me era difícil encontrar a mi hija, creo mi muchacho mayor me seguía, ¿le pregunté dónde está tu hermanita? me dijo ahí la tienes de espalda la de pelo largo.

La envolví con mis brazos antes de verme, duramos más de 3 minutos abrazados hablando, le dije que era mi gran motivo de vida., le agradecí me rescatara que me disculpara por no estar en sus 15 años, por no cumplirle ese sueño. Somos de la misma fecha de nacimiento, siempre decíamos habría dos pasteles bailaríamos y brincaríamos, también nos cantaremos las mañanitas juntos era tema importante desde pequeña.

Mi princesa tú sabes cuánto te amo y no importa la distancia, siempre te mando amor y bendiciones cada mañana, cada anochecer sé que te llegan, mi cariño mis besos mi gratitud., cada vez que me entere dónde estás, no me importa voy a acercarme abrazarte y quizás te diga lo mismo. Hablé en sus dos mejillas, su pelo largo hasta la cintura semiondulado castaño oscuro, su cara de niña en su cuerpo de toda una señorita, pues ya tiene la mayoría de edad. Sin gota de maquillaje, su rostro es parte de aquella virgen mujer en mi viaje maravilloso, cuando era el capataz.

Sé que el amor de esa virgen, esa fe y las oraciones de todo mundo me acompañaron mientras viajaba, principalmente el amor de mi hija, y por quien imploré vivir, estuvo y permanece conmigo. Espiritualmente sé que tenemos vidas paralelas lo valoro respeto y vivo con intensidad.

Tuvimos una catarsis maravillosa, coloqué una tarjeta personal con algunos números telefónicos en la bolsa de su abrigo mientras la abrazaba, le dije por favor hija háblame mándame, mensajes no importa uno cada mes, pero quiero saber de ti. Te envié unas canciones que te escribí desde hace años con tu abuelito que ya falleció, desconozco si te llegaron, pero de igual forma voy a tratar de que te lleguen de nuevo. Mi princesa hablaba poco o quizás no le di el tiempo, repetía yo también te amo y mucho., pero sus abrazos sonrisas lágrimas y besos me demostraron más de lo que se puede hablar con palabras.

Nos despedimos, fue tan intenso que estoy seguro cargamos pilas para rato los dos., dijimos hasta pronto con abrazos y besos, mi camisa y parte del saco quedaron empapados de sus lágrimas, mi corazón hidratado de su amor, cariño de sus miradas de luz y sonrisas.

"Gracias hija de mi corazón, donde te encuentres te abrazo con el alma y recuerda cuanto, cuanto te amo"

Es mucho el amor por mis hijos, sin embargo, con mi hija es algo especial y extraordinario. Primero, por el hecho de ser tan deseada en la vida de pareja, ya que después de dos hombrecitos pedimos a Dios y soñé con ella antes de que llegara., segundo, antes de que naciera dos embarazos no culminaron a la gran bendición de ella y hermanos. Decidieron por muy poco tiempo ser de nuestra familia.

La nostalgia de esto en mi vida, dejó secuelas emocionales duraderas, sentimientos encontrados, que he superado casi en totalidad. El amor, ilusiones y tristezas de todo, se concentró en nuestra hija. Desconozco si esta situación como parte de mis constructos tiene o tendrá más consecuencias., por lo pronto canalizo amor luz y energía con lo mejor que la vida y Dios me permiten.

Cuando me disponía en camino al estacionamiento me alcanza mi segundo hijo diciéndome, papá quiero hablar contigo, ¿podemos? Claro que sí hijo adelante qué se ofrece te escucho, no me gustó para nada el trato y la forma en que le hablaste a mi madre, quiero que sepas que yo estoy para defender a los tres. Hijo cómo te agradezco que seas un hombrecito y los defiendas. Sin embargo, de mí no tienes que defenderlos, a tu madre solo insistí en abrazarla al dar dos pasos adelante, porque dio media vuelta evitándome, y tú sabes que no es primer vez que lo hace, eso fue todo, ¿y aun así le pregunté puedo abrazarte?

Si a tu madre no le gustó, debió reclamarme así que por favor te recomiendo no tomes el papel de padre, pues hay solo un padre está vivo y lo tienes enfrente, ese padre soy yo. Te recuerdo, lo que estamos viviendo es consecuencia de la decisión de tu madre, estoy divorciado de ella porque así lo quiso, pero no de ustedes.

Quizás en un futuro hijo mío alguien muera de mi familia o tal vez yo, si vienen o no se respeta, lo hice porque tu abuelo fue un buen hombre y amigo, lo visite cuando estaba delicado de salud, aparte quise abrazarlos a todos, no lo veremos jamás, le agradezco los buenos momentos. Si un día Dios te bendice siendo papá vas a entender un poco de lo que digo. Claro, quiero ser papá y ese día llegará, felicidades hijo sigue estudiando trabajando, estoy orgulloso de ustedes los amo. Continúen siendo jóvenes responsables sanos y respetuosos para que sean adultos hechos y derechos. Cuídate y defiende a todos, pero no confundas el término defender con el de proteger.

Nos despedimos de abrazo y beso hasta la fecha no hemos tenido comunicación alguna, tampoco me dan razón terceras personas. Sin embargo, sigo aceptando el maravilloso proceso que implica el vivir., para estar en paz interna y exterior., amorosamente y por siempre en gratitud con mis siete hijos por escogerme como su padre.

Mucho los disfruté cuando pequeños a otros menos, hoy es a la inversa., dos no llegaron, decidieron regresar a otra dimensión y aguardar. Mi hija e hijo que tuve siendo más joven con los que brillé por mi ausencia cuando más me necesitaban, hoy tenemos comunicación y nos juntamos cada vez que nos proponemos.

"Gracias mis hijos por visitarme cuando más lo he necesitado, por ser y estar en todas conmigo, gracias por no cerrarme las puertas de sus corazones"

Estoy seguro les llega mi amor y bendiciones a todos, de igual manera recibo de ellos lo que nace de sus corazones., así como aquella planta que me dio el calor y energía del sol sin pedir nada a cambio.

Gracias también de corazón a sus madres por ser, estar y no rendirse. Por continuar velando y confiando ellos. ¿Cómo y cuándo compensarles el tiempo que no estuve como padre hombre y caballero? Tal vez nunca, pero gracias por siempre.

"Desde aquí las abrazo, son parte importante en mi vida en las canciones y de mi libro. Pido a mi Dios al universo salud y armonía para todos y que nuestros hijos, sean motivo de orgullo para sus madres., para mí lo son y serán por siempre. Me siento bendecido por los siete, gracias mujeres por ser y estar en lo más especial."

Entiendo en términos simples, que la obligación universal de un padre para con sus hijos es: darles amor, felicidad, alimento salud y educación. Suena sencillo sin embargo hacerlo no es fácil, en mi caso muy particular cometí excesos y tuve deficiencias.

En algún lugar leí que es bueno criar a los hijos con un poco de hambre y frio, también que es mejor enseñarlos a pescar que servirles cada vez el pescado., literalmente entiendo y tiene un sustento., pero existen tiempos para todo.

En mi niñez y adolescencia tuve de todo un poco, pero mínima protección y cariño de mi padre, me hizo mucha falta orientación, sus consejos apapachos enseñarme., no tuvo paciencia, al ignorar en cierta manera cada una de nuestras etapas.

Desconozco como fue su niñez, pero la mía la conozco perfectamente y de lo desagradable que viví hice el máximo esfuerzo para que mis hijos no fueran víctimas de mis defectos o traumas. Sin embargo, las heridas emocionales dejan secuelas difíciles de arrancar de mis constructos, pues no entendía por dónde ni en qué forma podría ir desvaneciéndolas. Hace algunos años platiqué con mi viejo y fui muy honesto al cuestionarle de lo mucho que traía guardado. Sus respuestas no le convencieron a él., sin embargo, le di algunos puntos de vista para reforzar quizás sus argumentos, o al menos con esa intención.

Por ejemplo, le dije que el fumar exageradamente, lo hacía más neurótico, el exceso de café, por otro lado, el tener una deficiencia visual de nacimiento de la cual nadie se percató hasta llegar a la ciudad y ser valorado por un especialista., no le permitía desarrollar sus actividades de una forma normal. Fue intervenido, pero no se recuperó en nada su vista, solamente se frenó la perdida de visión.

Dejó de fumar hace tres décadas, pero tiene secuelas que aún le afectan, por otro lado, los años vividos van menguando sus fuerzas, que a pesar de vivir en el rancho tiene la suficiente para ejercer la mayor parte de sus actividades., ese contacto con la naturaleza le da vitalidad y mucha motivación. Para estar llegando a las nueve décadas lo admiro bastante, decimos y es tradición familiar que es de buena madera o buena medra.

Tiene una lucidez envidiable, no pierde memoria, aun cocina monta a caballo y ordeña sus vacas, también a cada una le tiene su nombre., sus manos son muy fuertes y callosas., con frecuencia escucha música ranchera. Gracias a Dios tenemos a Papá y Mamá.

"No te desgastes buscando afuera lo que por dentro dejas que muera"

CAPITULO SEXTO

LA PANDEMIA MI GRAN OPORTUNIDAD

La sacudida de la pandemia a la humanidad genero desde un estrés hasta la muerte, se volvió el pan de cada día por un bien tiempo, yo aproveché la naturaleza de mi trabajo y esa conexión para crecer y reinventarme.

Desde niño tuve el gusto por tocar guitarra, pero fue en mi vida adulta específicamente meses después de salir del hospital; que decidí comprarme una, tenía bastante dificultad con mi mano derecha pero poco a poco me di a la tarea de sacar un que otro tono y tratar de cantar melodías de mi agrado.

Mi guitarra permaneció abandonada por un buen tiempo y por estas fechas la rescate en serio, la desempolve y afine. De un tiempo acá el gusto por escribir se ha acrecentado, empecé con un que otro poema que actualmente he transformado en canciones. Me inspiró en todo, las primeras canciones son a mis amores y desamores, a mi hija a la naturaleza en todas sus manifestaciones desde amaneceres anocheceres a las aves, la luna el sol, al río el mar las estrellas, al caballo, mi perro al viento, a la consciencia espiritualidad gratitud, a mi Dios aquella virgen quien fuera mujer y por unos instantes mi novia hace 400 años. Al pasado presente y futuro.

Siento me he reinventado, es muy gratificante, una especie de catarsis constante que libera, o simplemente hago extensiva la percepción o reflexión de cualquier concepto o tema ordinario o relevante para mí.

Me dicen estas bien loco igual o peor que tu abuelo, ¿si sabes que decían ahí viene el loco? les digo no es necesario que me recuerdes pues claro que escuché en variadas ocasiones cómo se expresaban., ojalá estuviera loco como él y poder tocar perfectamente tres instrumentos diferentes, acordeón, violín y guitarra.

Benditos genes que traigo pues me fascina estar loco, les digo de poeta y loco todos tenemos un poco, aparte les agrego, estando loco es mejor porque no finjo a quien doy amor.

No tengo mucha memoria, pero sí mucha imaginación les reitero, con eso mucho nos disfrutarnos, de hecho, a mi guitarra también le escribo y cantó, tengo mucho que agradecerle, no me juzga ni reclama absolutamente nada y hasta las penas volvemos buenas, no es celosa está dispuesta y me apoya en todo.

CANCION A MI HIJA

Eres mi estrella

y aunque cambien tus colores,

tus brillos son y serán siempre los mejores.,

ya decidí el arcoíris invertir, para los dos jugar

cantar reír y hasta dormir.,

hacer tantas caras como a cada rato me dices

poder bailar y hasta juntar nuestras narices.

Eres mi estrella y tienes la llave

para entrar y salir de mi corazón

y eso bien lo sabes,

eres la mujer con quien juego escondidas

contando hasta 20

a veces te encuentre y a veces te pierdes.

Más de repente y sin estar presente

alguien con osadía una noche fría

quiso esconderme

y jamás, jamás, jamás pudieras verme,

sí conté hasta veinte,

pero fueron minutos en los que moría,

y violentamente así me despedían.

Mis fuerzas desaparecían

y más doctores aparecían,

una herida por cada día de la semana.,

sólo porque al diablo

le pego   mmmm la gana.

Mi sangre me abandonó,

pero en ti se multiplicó

igual que nuestro amor cómo lo quiso Dios,

y aunque mi espíritu viajó con él

mi cuerpo tibio se convirtió en taller.,

donde ángeles y la ciencia

cumplían con su deber.

Pasaron meses para volverte a besar

y al ver tu tierno rostro

solo pensé mucho rezar.,

de nuevo como un karma,

pero esta vez sin arma,

sigo contando el tiempo y casi muero

envuelto en mis ansias.

Ya no quiero escondidillas y que no te digan

qué es lo mejor,

pues que no tiene corazón que sabe del amor.

Porque mi Dios mi estrella y yo,

tenemos un contrato que se pule a cada rato,

contamos hasta 20 somos ese diamante

y lo más hermoso es que brilla diariamente.

SEGUNDA CANCION A MI HIJA

Sembré muy confiado una buena semilla
con las mejores aguas que me dio la vida,
cuidé cada rayo de sol y de luna plateada
desde el primer día noche y madrugada.

Y cuando nació mi vida cambió
trayendo con ella perfume de amor,
te envolví entre mis brazos
y de mis manos tus primeros pasos.

Pero esa tierra que conquiste
cobró una factura injusta no sé por qué.,
se fue secando a mi alrededor,
se adueñó hasta del agua y de mi sudor.

Una fría noche se le concedió

alguien por dinero mi vida ofreció.,
más nunca mi alma pues esta es de Dios

Mis palmas saludan al cielo
y en sabana roja me debatía
parecía el final,
y un beso de Judas sentí en la mejilla,
imploré me durmieran,
y a él por ti una oportunidad,
si tuve aquel viaje y solo tu amor y mi fe
como equipaje.

Jardines y mundos de colores
mientras por mi ausencia
viviste dolores,
pasaron los meses y poderte ver,
y cuando volví
el tiro de gracia lo dio una mujer.,
te apartó de mi vida un cruel proceder,
multiplicó la distancia, pero también nuestro amor.

Ay Ay cómo duele cómo,
cómo duele el corazón,
cómo extraño estar juntos
en nuestra canción.,
como extraño salir por las tardes
y tus manitas besar.

En este viaje aprendí
la grandeza de Dios,
que el mejor combustible es el amor.,
y el tanque perfecto que todos tenemos
es el corazón.

CANCION A MI GUITARRA

Hace algún tiempo alguien preguntó
qué es para ti la melancolía,
no estoy seguro le contesté
pero cuando ella de aquí se fue,
yo solo sé que tanto eso dolía.

Los días pasaron los meses llegaron
las estaciones que tiene el año
una compañera estaba escondida
muy cuidadita y bien conservada
pues su belleza nadie tocaba.

Puedo decir aquella noche
con su vestido tropecé,
no dijo nada, pero para pronto la abracé.,
sentí su cuerpo y ella en mis manos,
y desde entonces todo nos damos.

Le confesé más que a ese cura
más que ese niño con gran ternura,
de mis amores y desamores

de grandes logros al volar alto
y de mis excesos en el asfalto.

Siempre me espera y jamás reclama
aunque traiga aroma de ciertas damas,
al no dormir en nuestra cama
poco me observa y escucha siempre,
nunca interrumpe como es costumbre.

Suele cantarme con esa voz
que estoy seguro escucha mi Dios
esa es mi guitarra a veces ángel,
aunque yo cargue al mismo diablo
con todo y garras.,
sus sonidos y cadencias
alimentan mi alma, mis entrañas y conciencia.

SEGUNDA CANCION A MI GUITARRA

Cuando mis cartas ignoras
y a mis poemas llamas problemas,
cuando se agotan todas mis formas,
cuando la tarde me dice perdiste
siento que muero,
pero este corazón es un guerrero.

Mi refugio es una guitarra
que nada ignora y todo engalana,
su pecho y mi pecho se dicen mil cosas,
y hasta las tristezas se vuelven hermosas.

Pasa la noche y llega el nuevo día
sembrando optimismo no es ironía,
el cálido sol este pecho enciende,
y aunque sea un rebelde
el amor siempre lo envuelve.

Pero mi refugio es una guitarra
exquisita y sublime bodega,
que todo recibe y todo me entrega.,
los pecados se van perdonados.

En este refugio hay un bello universo
miles de abrazos, millones de besos,
decepciones que paren canciones,
y dos confidentes,
que se han vuelto indecentes.

En los primeros meses de la pandemia fui más intenso escribiendo y abrazando mi guitarra., mi conexión creció y se volvió más productiva. Incluyo en esto una especie de geometría sagrada o simple empatía de frecuencia o vibración, en la que viejas amistades, amigos de la juventud, mágicamente empezamos a crear lazos nuevos de comunicación y convivencia.

También he conocido personas que tienen mucho en común respecto a mí percepción y filosofía de vida., una empatía muy singular nos da el universo sembrando y cosechando juntos., disfrutamos bastante lo que somos y hacemos. Me gusta acompañar a hombres y mujeres altruistas en viajes a comunidades bastante olvidadas y necesitadas de lo más básico., no tengo alguna especialidad, pero hacemos equipo.

Convivo y aprendo mucho con gente de experiencia y profesionales, médicos, psicólogos, terapeutas, nutriólogos medicina alternativa etc. etc. principalmente cuando visitamos a las etnias de nuestra región pues tengo sangre de ellos, siendo afortunado al saber algo de su lengua., y les hacemos ver la importancia de continuar en sus lugares de origen y el aprovechamiento sano y responsable de la naturaleza, el respeto a sus tradiciones y legado de sus ancestros.

En su mayoría pueden ser autosuficientes, pero necesitan apoyo de nosotros y de instancias gubernamentales. Los asentamientos de muchas de sus familias en ciudades se han vuelto un gran problema que repercute en salud psicofísico y social pues se vuelven más vulnerables.

Mis raíces están en un lugar de esa cordillera maravillosa de montañas, y recuerdo que no era común en mi niñez saber de personas con enfermedades crónico degenerativas obesidad y ese tipo de problemas que tanto nos acogen en la era moderna.

He platicado con jóvenes de diferentes estatutos sociales y a quienes son nacidos y criados en la ciudad les cuesta mucho trabajo entender cómo fue nuestra niñez. Por otro lado, es común escuchar que no hay interés por procrear por reproducirse., sus prioridades son otras, unión libre o casados y trabajar producir coincidir, pero no parir.

Les digo que es maravilloso cargar un bebé, que es como cargar un pedazo de nosotros mismos y solamente viviéndolo se puede dimensionar., dicen que prefieren mascotas y bueno quizás a manera de sarcasmo les pregunto, ¿cuánto gastas por mes con tus dos perros en el patio? y reímos cuando les hago ver, gastas lo mismo que si tuvieras dos hijos.

Retomo el tema de mis dos hijos antes del matrimonio. Sucedió entre los veinte y veinticinco años de edad en dos enamoramientos muy bien correspondidos y desenfrenados, la cigüeña me trajo dos hijos mujer la primera y el segundo un hombre. Su niñez y adolescencia fue de lo más difícil, dado que jamás viví con ellos., sin embargo, admiro y respeto a sus madres por ser valientes humanas y amorosas para con ellos. Abrazo, saludo y mucho agradezco su sensibilidad, pues nunca obstaculizaron mi relación con mi hija e hijo. Tal vez algo irónico ya que tuve y tenemos una comunicación sana, todo lo contrario, con los hijos de mi único matrimonio., con quienes no existe ningún tipo de comunicación ni por terceros o redes sociales. Existen comentarios que afirman ellos no usan mi apellido, eso es decisión muy particular de cualquier manera traes mi sangre.

Fluimos en armonía platicamos de todo, son profesionistas responsables alegres humildes, y un gran corazón les da amigos. Los veo y siento felices en sus oficios y hobbies ella se decidió por la arquitectura, baila y goza con la fotografía., el muy bueno con los números, las finanzas gimnasio y la guitarra.

Sus vidas de pareja normal estaban renuentes a tener hijos. Los tiempos de Dios son los mejores mi hija primogénita este invierno decidió embarazarse, estoy muy feliz, fue y es nuestro gran regalo de año nuevo. La acompañe a cita de rutina mucho le agradezco lo que experimenté en esa consulta y la bendita pantalla, donde lo vi y escuche su corazón, tan rápido como un colibrí. Estoy ansioso y contento por que llegue ese nacimiento y convertirme en abuelo.

Hace un año y meses a mi hija se le murió su mascota por longeva., obviamente estuvo por un tiempo triste, fueron muchos años con ella. Le escribí una canción cuando estaba en su duelo.

QUIERO QUE ELLA

Quiero que ella me escuche un rato
como la sabes y todo el campo,
nunca me exigen ni me atraparon
y hacer más libre me han enseñado.

Soy visceral y bien lo sostengo
y a mi corazón jamás lo detengo,
al día y la noche pido me abracen
y nuevas cosas quiero pasen.

Quiero que ella otra vez me escuche
y se dé cuenta que aún tengo estuche,
que pueda amarla y mantenerla
con todo y mascota he entretenerlas.

El sol me alimenta
y otras a mis ojos arrugas siembra
mientras la luna todo desnuda
y a las pesadillas les da salidas.

Hay una guitarra
que me rescata, y otras sacude,
al haber tristezas muy alto me sube
perro y caballo siempre son fieles
sin importarles qué piensas o quieres

Quiero que ella otra vez me escuche
y solo sea para compartirle, por ejemplo
que su corazón necesita espuelas
y estar un rato en mis terrenos.,
mientras el mío perdió la rienda y no
obedece freno.

Quiero que ella otra vez me escuche
y se dé cuenta que aún tengo estuche,
qué puedo amarla y mantenerla
con todo y mascota he de entretenerlas.

"No te desgastes buscando afuera lo que por dentro dejas que muera"

Les digo a los jóvenes, son temas que a ustedes llama poco la atención, ya están definidos en lo que quieren. No tengo nada en su contra, admiro que sean trabajadores y responsables., les digo con frecuencia mejor les voy a compartir una que otra canción., escribo respecto a esos y otros temas para que al escucharlos no les resulte aburrido, y vaya que se divierten, a continuación, amigo lector una de las primeras.

QUIERO SEMBRAR

En tu cuerpo quiero sembrar
lo mejor de mi semillero,
cultivar y cosechar
lo que añoro y tanto quiero
y a cada rincón del mundo
un cachito de amor llevar.

Y aunque suene exagerado
daremos consejos a quienes
temen comerse el mandado.,
y solo así comprendan que,
con amor sobrado,
revertiremos las tonterías
que están pasando.

De qué tamaño es tu ajetreo
pues no lo veo,
y ese miedo amamantar desde
enero hasta el otoño
cuando no hay mejor vacuna
para ese niño que está en su cuna.

Tus ojos preñados lucen hermosos,
qué importa si tiempo los desvelamos.,
y tu bello cuerpo
con ejercicios recuperamos.

Estoy seguro que fui de un año
claro, estoy muy sano
y a mi viejita no le hice daño.,
y ya ni hablar de mis abuelas,
cuando la media era una ocena.,
y nunca faltaba desayuno,
comida o cena.

Sí ya no pares como instrumento tal vez
te ampares,
y si acumulas dinero a quién se lo darás?
quizás fundaciones de robots,
o la mascota que alguien robó,
o al plantar vida que alguien te talo.

¿Qué alcance tendrá tu sangre?
sagrado vino que Dios nos dio,
cuando en la cruz la derramó.,
qué pasará con la humanidad?
cuando el persignarse esté incompleta

la Santísima Trinidad.

Cuando hablamos de conciencia y temas como el calentamiento global les comparto esta canción:

EL NADA NOS DEBE

Mi soledad es bendición,
y estar conmigo hermosa tarea
pero extrañarte a cada ratito
ese alimento que nadie quitó.

Este bello mundo nada nos debe
pero sus hijos cada gotita de agua que beben,
él va sin prisas, pero agradece cada sonrisa,
y yo cantando noches y días
voy alegrando a cada jauría.

Todos queremos la hermosa flor,
pero a planta y raíz no damos amor,

no te desgastes buscando afuera lo que
por dentro dejas que muera.

La inmediatez raíz
de toda estupidez
y cómo gobernarnos de cabeza a pies,
reverenciando un día a la vez
eso lo sé con gratitud amor y fe.

Estar loquito es lo mejor,
porque no finjo a quien doy amor,
Muchas agradezco árbol y animales
esa intimidad,
sin tener sexo bendita hermandad.

Y si critican lo extrovertido
les pregunto jueces qué es
lo que han comido?
cada quien trae su costal,
sin medir la talla de su cabezal.

Día noche y viento han sido perfectos
honrando siempre al gran arquitecto.,
porque domesticar con premio y castigo?

no estoy mintiendo en lo que les digo.

**Quién fue primero gallina huevo
o a qué conciencia llegó algo nuevo?
se agradecido en cada respiro,
hoy compra menos y lo que es gratis,
por favor te pido, no lo desbarates.**

El tiempo me enseña cada vez algo o mucho, sin embargo, aprovecharlo al cien, mi gran reto., interesante algo loco, por ser relativo, tangible o intangible todo depende la importancia y gratitud que le tengo. Provocan preguntas también a mi Dios, ¿como cuando y donde termina lo que son?

Me inspiró a escribir la siguiente canción., y mi conclusión todo termina ellos jamás.

EL TIEMPO

¿Qué misterio tiene y que es el tiempo?
que no lo veo descansar,
y por más que acelero el pedal
no lo puedo alcanzar.,

y cuando hago mi jornada no paro de pensar.

He preguntado a un cerezo
Que pensaba el de Dios
y me quede sin palabras
cuando todo floreció.
También pregunte a mi abuelo
Que era el tiempo para el
me dijo Dios y el tiempo
siempre me tienen contento.

También pregunte al espejo
que era el tiempo para él,
me aparecieron las canas y
sacudieron mis ganas.

Por la respuesta anterior
decidí no preguntar,
deje de buscar afuera
lo que vive en mi interior.,

ellos siempre andan juntitos
y entendí son infinitos.

A partir de esa mañana
sus manos no he de soltar.,
llueva truene o haga viento
muy confiado yo me siento.
hablamos el mismo idioma
cada vez que el sol se asoma.

Y si las aves de la tristeza
quieren volar en mi cabeza,
no dejare que se aniden
y ninguna pluma tiren.

"No te desgastes buscando afuera lo que por dentro dejas que muer

CAPITULO SEPTIMO

ORGULLOSO DE MI ESTADO

En nuestro estado tenemos flora y fauna muy variada pero dispersa, con microclimas extraordinarios. Solo nos falta un cachito de mar, pero un ferrocarril de gran turismo se encarga de eso, prácticamente llega a la costa.

Una ganadería de las mejores del país reconocida por clientes extranjeros, gran calidad de su carne, y quiénes estamos dentro de esta importante cadena productiva, nos damos a la tarea de mejorar permanentemente la genética de nuestros hatos y trazabilidad e inocuidad de sus productos. En estas dos décadas creando y actuando con más conciencia en la conservación de suelos y manejo de pastizales., que van desde lo holístico hasta los programas regenerativos, con pastoreos no selectivos y aprovechamiento responsable del agua, en la medida posible captadores de las mismas, pues la escasez es más evidente.

Saludo y felicito de corazón a los amigos y amigas, compañeros de facultad., por su ardua y noble tarea, de igual forma a los paisanos ganaderos que se ponen la camiseta y aprietan el cinturón en pro de la causa. Somos grandes.

Suculentos frutos como la manzana, en la región que llamo puerta a la sierra., hermosos valles entre el desierto y la cordillera montañosa. En el desierto nueces de calidad mundial, granos como el maíz forrajes como alfalfa, avena., de los principales. Grandes extensiones de tierra están en veda, para evitar más extracciones de agua.

Producimos una gran variedad de chiles y otras verduras en menos proporción. Les presumo que en algunos microclimas tenemos el famoso chile piquín., que al madurar se vuelve un rojo escarlata, son pequeñas esferas tal vez el chile más pequeño y elegante del país. Pican, limpian fosas nasales, despeinan, raspan y quitan la comezón de todo el cuerpo., una delicia, es silvestre 100%, nuestros antepasados dicen que es el único chile que no produce irritación en nuestra panza y tripas.

Yo lo consumo desde adolescente y les comparto que es real. Felicito y saludo a los paisanos y vecinos que se han dado a la tarea de cultivarlo con técnica, orgullo y dedicación.

En menos cantidad, pero no menos importante, les presumo también el famoso Ari., también silvestre y muy semejante al panal de abejas se da en lo cálido es toda una delicia y tradición, de color rojizo marrón, difícil de obtener pues para desprenderlo de pequeños arbustos o ramas se ocupa fuego, flama. Nuestros antepasados nos legaron las ventajas de consumirlo, es antibiótico natural, analgésico antiinflamatorio, hidrata y desparasita el tracto digestivo. Con este se prepara una gran variedad de alimentos, se lleva muy bien con el chile piquín son como la mancuerna perfecta o la pareja ideal.

Le llamo el sustrato perfecto para muchos platillos fríos principalmente. En lo personal los muelo en molcajete de piedra volcánica, Ari ajo piquín bolitas de cilantro sal de mar agua, jugo de tomate, limón opcional. Ejemplo aguachiles con carne seca, aguachiles con mariscos, aguachiles con abulón cayo de ostras, cerveza tequila o mezcal, especiales para la resaca a quien se le pasaron las copas.

Ambos, hace algunas décadas eran medicinales, ahora son todo un lujo deleite y moda. Hay quienes han vendido cada chilito estando en su punto a peso la bolita, para quienes no conocen mucho de nuestra moneda 18 bolitas por un dólar americano y mayoreo 50 dólares por kilogramo de cualquiera de los dos productos. Muy rendidores, con un kilogramo de Ari bien molido podemos preparar 200 litros de agua, y con masticar solo un chile piquín por la noche, puedo manejar 50 km sin que llegue el famoso Morfeo, además sin efectos colaterales, mucho mejor que cualquier gaseosa.

Producimos los mejores quesos del país, tanto cantidad como calidad., y de nuestros productos derivan platillos clásicos muy antojables como son rajas de chile con asadero, carne seca o machaca, chile pasado, machaca con chile colorado, cecina de ganado criollo de la sierra., y últimamente los tacos montados.

Siglos atrás nuestros antepasados encontraron la forma de conservar la carne, deshidratándola al sol, previa pulpeada o fileteada, agregando sal, legado de los primeros pobladores, así podían recorrer grandes extensiones de tierra al pastorear el ganado permanentemente, cazadores, mineros etc.

En nuestras tierras áridas el reconocido sotol, con denominación de origen, para aligerar gargantas, abrir apetito o bien como digestivo. En menos cantidad, aunque deliciosa y expansiva, es la famosa bebida de mezcal llamada lechuguilla., original de la sierra madre elaborada rústicamente., ambas bebidas muy recomendadas sin importar la estación del año moderadamente, a nadie hace daño.

Siglos extrayendo metales muy cotizados como el oro plata cobre y otro, pues existen yacimientos muy ricos y desde luego grandes empresas extranjeras las que obtienen el beneficio. Pues las concesiones de nuestro gobierno parecieran vitalicias. Aprovecho para invitar a las transnacionales a cuidar el agua y nos apoyen con reforestaciones y comprando CO_2, ya que tenemos excelentes reservas de bosques en nuestro querido Estado.

Cien años atrás llegó un grupo de extranjeros vía Canadá Estados Unidos., al parecer son originales de Alemania Holanda y algunas partes de Europa. Son parte de nosotros, los admiro por su capacidad laboral y organización, honestos y nos enseñan que estando unidos todo es posible.

Cuando están las faenas de cosechas suelen trabajar hasta de noche en sus tractores, son muy autosuficientes., sin embargo, como en todo hay consecuencias, han sacado mucha agua y aventado muchos fertilizantes y pesticidas a nuestras tierras. Son admirados y respetados., tengo amigos por ahí. Un cordial saludo y por favor los invito a cuidar las aguas, ponerse la camiseta para la regeneración de los suelos., para ayer pensar en fertilizantes orgánicos y bajarles a pesticidas.

A gobiernos empresarios industriales paisanos y a toda la humanidad, hago un llamado urgente para reflexionar y actuar, partiendo de la palabra limite y respeto a nuestra madre tierra.

¿Por favor quien les dijo que los recursos naturales son infinitos?

¿Quién les dijo q debemos chuparle a la tierra hasta la última gota?

¿Quién les dijo que no vamos a pagar facturas crueles?

¿Quién les dijo que somos dueño del mundo?

¿Quién les dijo como vivirán nuestros nietos?

¿Quién les dijo que la mejor herencia es un patrimonio, los dineros?

¿Quién les dijo que tenemos derecho a saquear hasta las entrañas de nuestro gran globo azul?

¿Quién les dijo que la salud se compra con dinero?

¿Quién les dijo que el consumismo irresponsable, no es íntimo amigo de enfermedades cronicodegenerativas y de la muerte?

¿Quién les dijo?

No lo sé amigos, sin embargo, mi humilde opinión es que, ¿al menos preguntémonos como cuando donde cuanto y para que ocupo de esos pendientes que suelen quitarme el sueño? ¿y el famoso estrés que de dos afecta a tres?

Eso de que soy pobre o rico exitoso o no, ¿comparado con quién? Si todo tiene un principio y un fin, ¿porque el famoso Homo Sapiens no los tiene o al menos porque hacernos tarugos, cuando todo mortal sabe que nace y muere? Es una ley que nadie puede ignorar. Entonces quien más tiene más quiere., la gran paradoja es: ¿cuánto ocupo para vivir feliz? No lo sé, ¿pero te recomiendo que antes del cuanto pregúntate que es ser feliz? ¿Y de cuantos ceros quieres la factura que estás dispuesto a pagar?

Quienes se creen dueños de nuestro mundo no lo hacen para ser felices lo hacen creo para competir con unos cuantos., divirtiéndose con todos nosotros con las masas. Y en ese afán se van rasgando las vestiduras hasta sangrar y matarse. Q pasará cuando no tengan con quien pelear, ¿o cuando en lugar de cien rivales o competidores dignos sean ocho o diez? No lo sé, por lo pronto compito conmigo.

CANCION: PLATICANDO CON LA TIERRA

Ayer hable con la tierra y
le pregunte que misterio encierras,
me dijo no has de saber
hasta que tus ojos dejen de ver.

No tengo prisa le contesté
y por favor algo más de ti
quiero conocer.

Tú me escogiste tus padres te hicieron,
y el colmo es aun no saber
a qué vinieron.

Cuantas veces en verano
me han sembrado,
y cuantas veces el permiso les he dado.

Cuantas veces con amor y fe,

y a quien agradeces el fresco aire
y rico café.

Nada recuerdo haberte negado
y sin embargo me han olvidado,
me pisotean queman y envenenan.

Si una semilla sale vana
yo soy la culpable
y me tratan de mala gana.

Por la avaricia mucho maltratan
y no acarician,
luego me cortan venden y compran.,
yo no tengo prisa, y cuando presumen
me causa risa.

Ustedes van y vienen y
con mis bondades
mucho se entretienen.

A todos he parido y mantenido.

y por más que viajen

mejores lugares no han conocido.

Cuando necesito abono yo lo consigo,

y alguien se va a cansar

para dormir o despertar.

Dejemos al tiempo ser el mejor juez,

mientras nos bendice Dios

un día a la vez.

Somos tierra de mujeres hermosas trabajadoras y arremangadas. De hombres recios valientes y amigables., que han conquistado al desierto mismo. Sierras Valles y Desiertos, traigo en mi sangre señores es cierto.

A MI TIERRA A MI ESTADO

Tierra de historia

afanes y valentía

esa es mi tierra, mi abuelo decía
sierras valles y desiertos
curtieron mi sangre señores es cierto.

Decorada por nogales
y esos maizales,
esa franja de manzanas
de colores y de sabores.,
también circula en mis venas
ciertos amores y una que otra,
que otra pena.

Orgullo es nuestro ganado
aquí y en el otro lado;
hacemos buenos negocios
con amigo y buenos socios,
nuestra tierra está formada,
de peña azul el cimiento,
y de Jiménez a Juárez
disfrutamos hasta el viento.

Algunos viejos del campo

se forjan como el acero,

y entre sus flores hermosas se encuentra

la mujer que quiero

salpicadas de Adelita eso nadie se los quita,

yo enamore la primera

cuando jugaba canicas.

Vengo del estado grande y

grande es mi corazón, saludo temprano al sol

y por las noches también soy pasión.,

a veces enamorado y doy besos con sotol.

Somos buen camino real

igual que nuestra amistad,

saludamos con abrazos y no

andamos de manitas,

pa muestra basta un botón,

visiten a los menonitas.

Hablando de nuestra vía ferroviaria de alto turismo escribí una canción a una joven que conocí en él.

EN EL CHEPE

En el chepe te conocí
y me impresionaste cuando te vi
me dije a esa turista,
hace varios años la traigo en mi lista.

En cada estación latía
más fuerte mi corazón,
al no saber tú destino ni proceder
me preocupaba no volverte a ver.

aquella mirada de un grueso
libro se te escapaba.,

pero tu brillo me encandilaba.

Una sonrisa te regalé

y la siguientes con mi huaripa la despiste,

poco avanzabas en tu lectura.,

te veías hermosa

y también nerviosa bella criatura.

Después de Creel parecías dormir

y tu boquita se hizo pequeña,

así en mi pecho le diste

fuego a toda esta leña.

Nos atrapó la negra noche allá por Guerrero

y desde entonces así más te quiero.

Allá por la Junta un silencio frío pedí a mi Dios

que tu cuerpecito un día fuera mío.

Ya en la capital al bajar del tren
un incidente me dijo ven,
esa gran maleta, a tu hermoso pelo bien enredo.

Todo un caballero llegue primero.,
quiero seas mi esposa y yo
el mero mero., es parte de la historia
que en cuerpo y alma tiene memoria.

PREGUNTE A UNA CONCIENCIA.

Le pregunté a una conciencia
quieres viajar al futuro o al pasado
se quedó callada no me ha contestado.,
tus emociones no están vacunadas
y se pierden en la nada.

Y ese dolor de cabeza

en la farmacia te lo enderezan,
por qué vacunan tu sangre
mientras miles mueren de hambre.

Si gozamos de un cuerpo completo
ahora dime que lo tenemos repleto
cuánto estás dispuesto a pagar
por respiración
si en un minuto la tierra decide
cambiar su ecuación.

Debemos ser agradecidos
y jamás sentirnos perdidos,
cuánta pesa ese morral
que cargas a dónde vas.

Si no tuviera el cuero tan delgado, a
todos lados, iría encuerado,
cuántas veces sin ropa saludas al sol
y cuántos rayos de luna
besaron a tu hijo en esa cuna.

Y antes de mudar sus dientes
cuántas veces conscientes a él le mientes
cuando niños solo quería
dulces y calzoncillos,
ahora traen celulares y
programas escondidos.

Pero como papá y mamá trabajan
el tiempo a nadie le alcanza
hace falta una vacuna
para que no crezca la panza.

En esa escuela adoctrinan
y aunque tengan carrera no
siempre le atinan,
mis abuelos educaron docenas
sin tener una oficina.,
será que ya no sabemos
los escalones en casa,

y tal vez se deba a esa
rutina que nos abraza.

Y como decía Juan Gabriel
debo hacerlo todo con amor
quedará algo en la alacena
o tal vez en el comedor.

MI DIOS

Mi Dios quiero en cada sueño
me sorprendas
y en el día yo entienda.,
controlando así las riendas de mi corcel
y más confiado continuar en él.

Mi Dios quiero conocer
la esencia del amanecer,
entender la diferencia
entre los sublime y lo salvaje.,

luego ayudarte a retocar,

con mis acciones tus paisajes.

Mi Dios quiero platicarte

y no cansarte,

y aunque muy bien me conoces

necesito desahogarme

y no asfixiarme,

en tonterías todos los días.

Mi Dios quiero sonrías a diario

y yo estar conforme con el calendario,

abrazando este presente

y arrugar menos la frente.

Mi Dios quiero que nuestras conciencias

sigan creciendo y germinando

en los corazones, tus enseñanzas como canciones.

Mi Dios quiero recorrer la luna

y las estrellas, una por una

luego hacerte un gran rosario

y desde la tierra

todos juntos poder rezarlo.

Mi Dios quiero hacer lo que tú decides

y me lo digas, sacude a mi corazón

en todo camino tu bendición., y sin rendirme

cada vez a ti acercarme.

"No te desgastes buscando afuera lo que por dentro dejas que muera"

CAPITULO OCTAVO

SOCIALES POR NATURALEZA, INGENUOS SIN VERGUENZAS

Como humanidad entiendo somos sociales por naturaleza, ocupamos agremiarnos para todo., sin embargo, a través de la historia siento que lo hacemos, pero está muy marcado ya con fines materialistas exacerbados. Y consecuentemente vamos castrando la espiritualidad, el amor universal, valores virtudes etc. etc. Quizás a manera de patología general, derivan consecuencias, secuelas muy desagradables injusticia, guerras de todo tipo, hambruna, migraciones masivas, enfermedades, contaminaciones crueles, etc. etc. Por controlar y una mala geopolítica aplicada en todo el planeta.

Historiadores analistas especialistas sociólogos antropólogos, coinciden en que a grandes eventos principalmente bélicos se les atribuyen grandes y verdaderos cambios a la humanidad. Disculpen mi ignorancia, me pierdo un poco en esa lógica de causa efecto, al no encontrar dicha justificación. Soy una persona común y corriente solo se dé un pasado, presente y sueño con un futuro mejor. Fui y soy parte de una célula social, padres y hermanos, que no es muy funcional., para después integrar un nuevo núcleo social, mi nueva familia. Todo marchaba bien, jamás pasó por mi mente que pudiera cambiar tan drásticamente de la noche a la mañana.

Vivo un proceso más que interesante nada fácil, sin embargo, como individuo como ser independiente sigo aprendiendo es parte de mi crecimiento y compromiso. Dicha tarea me exige introspección, encontrar respuestas que me convenzan no solo aprendizaje o simple entendimiento., más importante aun corregir, mejorar lo que este a mi alcance, en mi poca experiencia, en nuestra cultura occidental hemos sido creados y domesticados con premio y castigo.

De tal manera que los constructos y programas que traemos no solamente nos controlan, nos vuelven actores y víctimas generacionales. En nuestros primeros años al vivir con los padres y desde que tengo uso de razón, conscientes o no tratan de controlarnos, (claro que desde antes) con la etiqueta de que su único propósito era protegernos y darnos lo necesario, para convertirnos en hombres y mujeres de bien, hasta ahí no tengo problema, (pero nunca me dijeron como cuando y donde) eso lo entiendo perfectamente pues también soy padre.

Conscientes o no con aciertos o con fallas, suelen mutilarnos (y en esta era de globalización y tecnología hasta castrarnos emociones espiritualidad, consciencia etc. etc.) en muchas ocasiones habilidades, aptitudes que ya traemos en el morral del temperamento. Culpables o no a veces todos partes del mismo juego. A la par viene la doctrina en colegios y escuelas, donde hay que pagar cantidades importantes de capital, y existe un control excesivo, tenemos que competir en todo hasta con las marcas de las ropas o calzado o el tamaño y calidad de las piñatas por citar ejemplos sencillos.

Nos enseñan, preparan y convierten en máquinas profesionales para producir para hacer y poder tener., ignorando nuestro pensar y ser. Aun así, reclamamos con frecuencia, ¿eso te enseñaron en la escuela? reprobando alguna actitud, pues bien, mis abuelos decían que la educación se mama y estoy de acuerdo.

Hoy entiendo que al menos debían enseñarnos a pensar con libertad en casa y escuela, a descubrir talentos y apoyar o simplemente respetar esa parte de la niñez y juventud., así pues, nos convertiríamos en seres humanos conscientes realizados felices entregados. Amando una profesión u oficio. En mi caso no puedo afirmar si temprano o tarde estoy entendiendo la lección. Pero voy feliz y con actitud en mi camino.

Sé que somos la semilla de luz en una galaxia infinita. Alojados en un cuerpo físico por cierto tiempo, con ciclos impresionantes, pues todo inicio tiene un fin. Por la naturaleza misma de mi trabajo la gran prioridad es generar vida de plantas y animales., implica un gran compromiso plantar una semilla o preñar una vaca una yegua o una cabra, pues hay que estar pendientes de que germine pueda nacer normal., cuidando protegiendo cada ciclo, que se desarrolle madure reproduzca y muera de la mejor manera.

El universo es movimiento, orden energía, si no podemos creer aceptar sentir, debemos comprobarlo y es sencillo, cambiando de nuestra vida conflictos problemas quitando carga a la neurosis, aunque seas incrédulo todo se puede obtener siempre y cuando seas sincero y honesto contigo, seamos ordenados y personas de fe.

Todo está organizado de tal manera que la perfección se encarga, pero lo peor que podemos hacer es no escucharnos. Por tal ignorancia llegan las enfermedades y cuando ya es insoportable vas a consulta o a la farmacia buscando lo que sea para no vivir con dolor., está bien pero no significa sea lo correcto, confundimos el termino curar y sanar., no crees que antes de ir debíamos de autoanalizarnos, un vistazo a nuestro interior, buscar la causa? y no acostumbrarnos al control de las consecuencias. Somos maquina perfecta. En un cuerpo físico de cualquier humano se habla de 6 trillones de reacciones por segundo difícil de imaginar., No es cierto? Los cambios corporales la regeneración de células es constante, sin embargo, no estamos exentos de un desequilibrio.

Ese soplo divino esa fuerza suprema reclama cuando no confías o la ignoras, así llega el desorden y el caos. El poder de la atracción existe, pero no se dará solo, debemos creer confiar y hasta en nuestros sueños también volar, pisando firme y abrazando a la madre Tierra.

¿Por qué no hacer lo mismo en nuestra vida reproductiva como seres humanos? ¿Por qué no cuidar y supervisar, por qué no dar seguimiento, por qué no dar amor suficiente, por qué no a la responsabilidad congruencia, por qué descuidamos esa simbiosis energética de luz y de amor tan necesarias? ¿cuándo y dónde nos perdemos en ese mandato único supremo en esa ley universal?

Estoy convencido de que somos energía amor seres de luz. Gracias a esa maravilla pude viajar en un cuerpo de luz., dejé mi estuche por un tiempo, así al regresar enfrenté lo que en parte ya les he compartido.

Sin amor ni gratitud simplemente me hubiera dejado morir yo mismo. Esta realidad al inicio me resultaba una desagradable y súper difícil situación. Naturalmente siempre quise e intenté hacer lo mejor en tiempo y forma, para con mis hijos y personas importantes en mi vida, ¿quizás no fue suficiente, me he preguntado dónde fallé? ¿Por qué tal la factura, cuando terminaré de pagar?

Entiendo que heredamos caracteres genéticos, innegable., y a la vez somos parte de un programa o constructo familiar social y hasta político., parte de un sistema mundial de control, aunque suelen llamarlo de otras maneras. En retrospectiva, sueno repetitivo, pero siento el gran compromiso de ese escrutinio, de buscar y poder detectar en esos constructos las principales fallas, y darme a la tarea de cerrarlos, ya que se vuelven generacionales.

Así como los genetistas especialistas en medicina molecular., pueden detectar un gen indeseable y aislarlo o sacarlo de esa cadena para evitar secuelas o consecuencias futuras, de igual forma como seres humanos debemos ser estudiosos y dedicados en hacer lo mismo cada quien desde su trinchera, por encontrar los desajustes dañinos en nuestro linaje inmediato ya sea abuelos papás etcétera.

Nuestra metamorfosis no debe limitarse solamente a la biológica, o reproductiva, dado que esa se da sin esfuerzo y bienvenida., les recuerdo que existe metamorfosis psicológica, espiritual, social emocional amorosa ética etc. etc. Pero como estas cuestan más trabajo nos pasan de noche a la mayoría.

Es bien sabido que cualquier hombre y mujer en términos normales están preparados para reproducirse, pero eso es solo el principio.

¿Cuantos están preparados para criar y educar? No lo sé, pero he leído y escuchado por ahí que no llega al ocho por ciento de las parejas del mundo que lo estén para dicha tarea, o que conozcan y vivan el verdadero amor en las familias. Por experiencia propia les digo que en mucho estoy de acuerdo, razón de más para seguir aprendiendo.

Evitando en cierta manera que nuestros hijos nietos o futura consanguinidad, sigan cargando un equipaje tan desagradable y de consecuencias graves. Seamos conscientes para un mejor vivir y de lo que venimos arrastrando, trabajemos en familia y en la medida posible apoyémonos con profesionales.

Es maravilloso concientizarnos y actuar desde esa perspectiva, dejar de ser egoístas y lo que padezco o haya padecido en el trayecto de mi vida, preverlo y prevenirlo para con mis descendientes, y ofrecerles algo mucho mejor, así puedan convertirse en seres humanos con amor, consciencia y gratitud.

El gran compromiso en primera instancia es conmigo, nada fácil me ha costado, pero mucho vale la pena., caminar y poder volar con el estandarte del amor, el amor incondicional no el que se envuelve en la caja de las ilusiones. Me cuesta trabajo amigo lector aceptar canalizar dirigir digerir cosas y casos que he vivido, pero doy gracias a Dios. Por mis ánimos y logros.

Tomemos el gran reto el gran compromiso, acepto que es parte de mi gran misión en esta vida. Llevar un granito de arena a la mayor cantidad de gente posible en el menor tiempo posible, y demostrar que se puede, que no tengan que pasar o vivir una experiencia traumática cómo la mía.

Quizás tuve avisos, señales que no interprete por estar inmerso en grietas oscuras del mundo moderno. Por tal razón tuve que asistir literal a este curso intensivo tan difícil, luego aprender la lección., y convertirla en acción. Para seguir contestando muchos exámenes a los que desconozco si un día terminen, sin embargo, conozco en carne propia los resultados, mis calificaciones. No estoy exento, pero hay la llevo.

Insisto que desde nuestra trinchera mucho podemos hacer. Cuando veo a mi vecino barrer su banqueta es inspiración para yo hacer lo mismo, y cuando uno y otro cuatro 10 o más vecinos continuemos, pronto nuestro fraccionamiento colonia será el gran ejemplo para otras, y daremos lugar a una nueva ciudad imitada por muchas más, sucesivamente podemos conformar un país ejemplar para el mundo.

Así de sencillo debía funcionar y no solo hablo de lo exterior hablo en general de todo lo que implica vivir el hoy. ¿Por qué dudar por qué no?, por qué miedo, ¿por qué apatía? por qué esa falta de energía, por qué no a la gratitud, por qué sí a la pereza el conformismo porque sí a la pasividad porque sí al pedir, el buscar culpables de mis errores? ¿por qué todo reclamamos a nuestros gobiernos? porque les pedimos arreglen o cambien nuestro mundo? Miremos a nuestro interior, primero cambio yo, y cambia lo exterior.

Qué importa seamos criticados como el colibrí, cuando en una vuelta a la vez, solía llevar una gota de agua en su pequeño pico para sofocar el devastador fuego del bosque., mientras el resto de los animales en plena estampida y alejándose de aquel infierno le decían: ¿acaso crees que vas a poder apagar todo el fuego? eres un ignorante aléjate puedes hasta morir, él contestó lo voy a intentar mientras tenga fuerzas para hacerlo.

Escuche por ahí que el buitre el murciélago y la abeja tienen mucho en común., a pesar de ser inteligentes y hábiles para volar, si estos se encuentran o son colocados en una superficie plana reducida y sin techo, pueden estar presos de por vida. La explicación es que el buitre necesita recorrer algunos metros para poder volar, la abeja solo puede ver lateralmente mas no hacia arriba y puede morir en el intento al insistir solo en su alrededor., de la misma manera el murciélago con tantas habilidades requiere de cierta altura para emprender el vuelo, en superficie plana solamente se arrastra y con suerte podrá trepar.

La moraleja es sencilla., los seres humanos vamos como estos animales a pesar de una inteligencia y habilidades, nos acostumbramos a lidiar constantemente con nuestras tristezas angustias nostalgias y ansiedad, dando vueltas y más vueltas sin salida o solución aparente. Presas de nosotros mismos, de la auto domesticación y en el afán de avanzar mirando solo al frente a lado o atrás.

Si tuviéramos el habito de ver hacia arriba con fe buscando a Dios esto sería otra historia., ahí en lo inconmensurable la única salida toda solución., pero mucho hacemos al revés y de pilón cuantas veces con cargas estúpidas que ni son de nosotros.

¿Si el camino es de 1000 millas o 5000 millas o más y te preguntes cuándo terminaré de recorrerlo? la respuesta la tendrás solamente cuando des el primer paso., ya que al darlo tendrás esperanza, esa esperanza que no tiene el que se queda quieto a observar.

Conozco personas que tienen años pagando el financiamiento de sus futuras sepulturas en los panteones y ya es motivo de estrés., pues hay quienes lo hacen en combo o para toda la familia, ya que se aman y quieren tanto, que desean continuar juntos después del gran fin. Irónicamente en la vida real y contemporánea algunas personas dejan mucho que desear., me ha tocado ver familias en lugares públicos principalmente restaurantes y alguna en sus propias casas muy cerca físicamente pero muy lejos en su conexión.

El portabebés no es novedad traiga algún dispositivo para que su ocupante este relajado o simplemente le prestan algún otro, así cada quien disfruta su aparato de última generación., mientras el mesero espera levantar la orden con atención, o bien los platillos se están enfriando y la gaseosa termina convirtiéndose en agua dulce y quién realmente disfruta el suculento platillo es el par mosquitas que realmente traen apetito.

El siglo pasado cuando mis hijos eran bebés era común el uso del famoso chupón para que estuvieran relajados, sin embargo, nunca lo permitimos mi esposa y yo., claro que nos juzgaban de anticuados., no me importó disfruté y estoy satisfecho de cargarlos de cambiarles de pañal soportar sus berrinches cólicos y hasta desvelos, y nada malo pasó.

Mi madre superiora es mi madre tierra., luego la que me parió., cuanto les agradezco y como pagar o volverles tal bendición? no sé, por lo pronto las amo cuido y lo haré hasta el final. Me queda claro que hay mucho por hacer, y sin importar como y cuanto hago es muy gratificante. Si al menos diez respiraciones conscientes hiciéramos al día otra cosa sería., el consumismo desmedido, ya es comunismo, una forma de controlarnos, gobernarnos, domesticarnos y matarnos.

NO ESTOY LISTO AÚN

**Ya caminé y cabalgare
y después de volar he de trascender,**

en cada respiro a dios le digo
señor no me sueltes no estoy listo aún.

Sigo despertando en cada amanecer,
todo es más intenso al pensar en ti,
y al perderse el sol sigo comprobando
al caminar cuál pequeño soy.

Me pregunto aún hay otro amanecer,
y de suceder será mejor?
y de lo contrario gracias te doy
y te repito no estoy listo aún.

Gracias por otra vuelta al sol
y por cada abrazo que a la luna doy,
por esas veces que a las dos bese,
y aunque ya se fue
tengo mil razones al decir te quiero.

No estoy listo aún para que me sueltes
gracias por el ser, y esta misión

que ya entendí es revolución.

En cada estación que tiene el año
sigo sepultando lo que me hace daño,
despejo el sendero y activo el andar
y estoy seguro que ya empecé a volar.

HE VOLADO

He volado he volado en súper nave transparente
con animales y poca gente.,
en cada jornada mundos diferentes
no sé quién dirige ese gran tour.,

y estoy seguro no existe norte mucho menos sur.

Entre tanta luna, tanta luna y sol
mientras más vuelo más pequeño soy.,
mi proceder nadie cuestiona,
voy satisfecho al no ocupar idioma.

Realidad extraordinaria
donde el sentir es el combustible para seguir.,
es urgente ya una sucursal
en nuestra tierra para sanar.

Pues cuando despierto es con las aves
y el brillante sol, el mejor concierto.,
hablar de más y tanta estupidez
opaca esa luz un día a la vez.

Cuando no tengas tarea por resolver,
revisa el contrato si deseas volver.,

por lo pronto habré de amar y servir

y el mayor esfuerzo para un mejor vivir

La vida no cuenta los pasos

que has dado,

sino las huellas qué le has dejado.,

sigue adelante con poco equipaje,

y no te preocupes por el hospedaje.

Aquí hablo un poco de mis viajes estando inconsciente, cuando mi alma se encargó de todo, deleitándome de su capacidad y del amor, en su más pura y exquisitas manifestaciones, de lo sublime y de nuestras tonterías en lo mundano, al ignorarla y hasta atropellarla.

FEMINICIDIOS EN MEXICO

En mi querido país México no todo es color de rosa, tenemos escenarios difíciles y lamentables algunos muy marcados muchas muertes en los últimos veinte años., como es el feminicidio. Sabemos poco de las causas, menos de resultados o investigaciones, y mucho, mucho sabemos de lo que sufren nuestras familias mexicanas. Me di a la tarea de escribir una canción, en solidaridad, invitando a nuestras mujeres a cuidarse a empoderarse y no rendirse.

FEMINISTA

Adán y Eva no tienen la culpa

de lo que te disgusta o de quién te insulta

pregunta a tu mamá que sintió cuando te parió,

quizás desde entonces ya te marcó

y aunque traes tu estrella

tal vez seas como ella.

Ya lo ves para qué tantos altares

si descuidas tu templo cada vez que sales,

platica con tu espejo y sin maquillaje
invítalo a ese viaje.,
y si ya eres madre
no permitas que un retoño
te haga algún desaire.

Deja de ser feminista en manifestaciones
cuida tu vestimenta hormonas y acciones,
conviértete en mujer con ideales y libertades
empodera tus cuerpos
y jamás quedes en desiertos.

Pues de feminista para la revista
a feminicidio todo es muy sencillo,
en cualquier pasillo se ausenta tu alma
y no pasa nada, todo queda en calma.

Conoce los psicodélico
y disfrútalo sin lo bélico,

ayúdame a gobernar
no necesitas de un arsenal.,
y cuando quieras gritar no
discrimines a las aves
grita meditando, que yo te apoyaré,
te apoyaré cantando.

No necesitas de un cura
para vencer esa amargura,
con espiritualidad acabas con ansiedad.,
para la decepción
entiérrala   en el pasado esa es la cuestión,
abraza el presente
 y se, sé más consciente.

Ignora la moda que se compra
reinvéntate constantemente,
eres agua que cura y excita
y no necesita del ángel caído.,
y menos de un lobo que te haya mordido.

Y cuando estés triste
pesca la luna en el agua fría
cuenta las estrellas una por una,
y hoy que eres mujer
de ese tamaño será tu cuna.

No ancles tu barca en el agua mansa
y menos en la tormenta,
sigue navegando directo al faro
que tanto quieres y tanto te alienta.

Tal vez en el esfuerzo
alguien al oído te susurre en verso,
puedes soltar el timón
a un capitán de siete mares.,
que te dé tu amor y acaben tus pesares.

SIN ESOS SERES-.

Por fin entendí que el amor es
el alma de la creación,
al levantarme del fango y la decepción
pero sin esos seres llamados mujeres.,
no habría en mi pecho hermosa colección.

Me levanté de la mano de él
y hoy mi timón no ocupa corcel.,
a cada uno un rato he sido fiel
la vida castiga por tal proceder.

Cómo evitar tentación y placeres
con esos seres maravillosos.,
como yo todos debemos,
de cada una estar orgullosos.

Desde chiquillo fui criado con premio el castigo,

por eso a ratos me han domesticado.,

cuando me plantan y otras acostado.

De ellas jamás me despido,

prefiero ser libre como agua de río

y aunque me regañen soy agradecido

desde la primera, hasta el día en que yo muera.

Pero antes de irme he de sembrar

mil hectáreas de flores,

una docena por cada mirada

y una hectárea completa a las que me dieron

caricias y amores.,

y por favor no se olviden

que son el alma de mis canciones.

Esta canción es mi gratitud y reconocimiento a ese poder que tienen las mujeres, el cual muchas no lo ven tampoco lo aprovechan., y en ocasiones en simple desilusión dejan que su flor marchite por mucho tiempo, otras menos afortunadas por siempre.

Las invito a interiorizar, a quererse amarse a reinventarse. Como hombre he recorrido y conocido escenarios diferentes en colores y sabores, también de excesos que he cambiado por versos, pagué facturas cuando perdí la compostura.

DE QUE MANERA

De qué manera quieres que te quiera

si respiro a cachitos para darte hasta besitos,

sabes cuánto cuido tus montañas y tus valles.,

y no interrumpo cuando hablas cuando

ríes cantas o te calles.

Si miro las estrellas lo hago por segundos,

ya no quiero desgastarlas pues son parte

de tus mundos, con tu sonrisa y la mirada

no ocupo mayor morada.

De qué manera debo hacerlo
que te enamores y vivir en ti,
y jamás, jamás me ignores
cuando te suspiro mi alma vuela y todo tiro.,
mi cuerpo desvanece y este mundo se oscurece.

El corazón aguanta
porque tienes manos santas,
sé que nuestras almas muy bien retozan
mientras a mi cuerpo solo
saludas y no destrozas.

No puedo acostumbrarme
en lo mundano continuar con hambre,
de qué manera y en qué parte de la tierra
he de rogarte y transformar tantas quimeras.

También tu cuerpo necesita

que el mío lo hidrate lo sacude y lo maltrate.,

soy visceral con todo mi morral

en mi tiempo no aterrizas vives en lo sideral.

No reclamo ni te juzgo

que esté bien o que esté mal

solo observa estos dos ojos

y entiende a este animal.

De qué manera, es de lo que menos he vivido., el cariño con dos tres amigas, y como el tiempo coloca una trampa, para desearlas como mujeres. Acelerando mis hormonas endiabladamente, soñando incluso con sus aromas de mujer. Cuando por su lado tratan lo nuestro de una forma contraria, pareciera un juego de serpientes y escaleras mientras más subo y quiero sientan mis intenciones, me bajan, se empeñan en tratarme como hermano el amigo de la infancia.

Incluso hacen comentarios, como soy afortunada de tener en ti a la persona que no tuve en mi familia, a ese ser humano que es parte quizás de me familia de almas., siento que venimos de las estrellas y como familia regresaremos juntos, a la hora de morir. Disfruto mucho estas relaciones y a veces me retiro poco a poco, manteniendo comunicación de amigos., interesante aprendizaje por supuesto.

Eso de olvidar no se me da, va en alusión a las ricas secuelas amorosas que perduran en mi mente y corazón, producto de una relación que terminó. Es gratitud y muestra clara de que hubo mucho bueno en la relación que tuvimos, valió la pena., y no sé por cuánto tiempo o como concluya tan rica enfermedad.

QUIEN GOBIERNA MI CUERPO

De ninguna de ellas me he despedido

pues para mí corazón es sinónimo de olvido

así pelea este con mi cabeza.,

cuando me encandila cualquier belleza.

Luego vienen mis hormonas
reclamando sus maromas,
quién gobierna mi cuerpo cuando
mis ojos me dicen que hicieras tuerto.,
cuánto de lo que haces y dices
sería mentira y cuánto cierto.

También mi olfato tiene su parte
mucho te deleito, sin que seas gato.,
qué pasaría me dices si solo de adorno
fueran tus narices.

También mis labios y toda mi piel
he tenido que chiquearlos por su poder,
y todos coinciden que sin la magia
en el amor no habría placer.

A todos abrazos y no acabo de entender,

cómo se organizan y me dan poder.,

sin ellos no sabría de qué color

ni qué sabor es el amor.

No me interesa conocerlos al cien,

sería aburrido conseguirles un gran edén.,

pues ellos rediseñan y manipulan sin un juez,

que les defina que está mal o que está bien.

Gracias mi Dios por ser y estar

por mi pasado presente y gran despertar.,

mientras esté en este mundo

por favor permíteme a todas amar.

Quien gobierna mi cuerpo, la escribí con el único objetivo de enaltecer y agradecer a sentidos y órganos, la perfección de nuestro cuerpo físico. Hacen más de la cuenta por ese yo, que en ocasiones ignoramos y les damos tan poco, exigiéndole demasiado., a pesar de ello día y noche esa ingeniería tan exclusiva y sorprendente nos deleita, dormidos, despiertos cuerdos o no. Normalmente atendemos cuando existe algún dolor físico, ignorando una simple molestia., y desde la punta de una uña hasta el extremo de un cabello son igual de importantes., cada célula es parte de un todo, de nuestro propio y maravilloso universo., así pues, nuestro cuerpo físico es una célula del universo exterior. ese todo que tiene los mismos derechos y porque no decirlo también obligaciones.

Cuando entre por mi propio pie, a una misa después de abandonar la silla de ruedas, lo hacía solo, no me acompaño persona alguna, justo al entrar hubo sentimientos encontrados, sentí ganas de llorar, obviamente caminaba con dificultad., un hombre quizás de mi edad me rebaso con paso de militar, muy seguro de sí mismo, sin brazos, sonreía a la vez que saludaba a otras personas. Admiré y agradecí a él y a mi Dios estuvieran en mi camino, erguí mi pecho valore a mi cuerpo, sigo honrando agradeciendo a mi templo, todo lo hecho lo que me da, es lo que tengo para disfrutarlo y para terminar mi tarea en este maravilloso mundo.

"No te desgastes buscando afuera, lo que por dentro dejas que muera"

CAPITULO NOVENO

ESCRIBIR ME HACE MUCHO BIEN Y COMPARTIRLO HOY ES MI ESTILO

Escribir, estar conmigo resulta espléndido, interiorizar en mi pequeño universo me alimenta y hace crecer., de dónde lo tomo? Pues de mi entorno del universo exterior, este tiene de todo, rico, bueno, malo, difícil y lo peor. Sin embargo, cada vez que decido archivar algo en el disco duro de mi yo interior, trato de filtrarlo a través de mis emociones. Pues a mi criterio son precursores de sentimientos en la medida que soy consciente.

Y una vez lo tengo, este fluye con singular alegría, luego lo saco poco a poco apoyándome en una hoja de papel y un bolígrafo generalmente, para darle fondo y forma a mi locura, sea una simple oración, rima, verso un poema o tal vez una canción. Es de lo que más disfruto en mi vida., eso fue mi gran hobby, hoy una de mis pasiones. Por otro lado, soy un miembro más de una sociedad sin brújula y algo disfuncional., no la ignoro, pero tampoco le lloro., tengo familiares amigos y personas conocidas en el tejido social, que a su vez se vuelve más difícil q amable. No encajo en ciertos casos o cosas, por ejemplo, cuando tienden ahogarse literal en un vaso de agua, o menos con quienes quieren o creen poder beber el mar en un simple sorbo.

Vivo catarsis en mis relaciones interpersonales en mi trabajo y con todo lo que tengo contacto, pues mucho vale la pena saber con qué cristal miro mi entorno. A sabiendas de que esto implica más trabajo de mi parte, para sacar el mejor partido tengo que apoyarme hasta en mi propia intuición, en el lenguaje corporal de las personas, tratando de escuchar cada vez más y hablar menos etc. Enriqueciendo ese universo interior por default mejora mi mundo exterior es lo mejor, lo que sería para una planta el más rico sustrato con los mejores nutrientes., es una de mis grandes recetas o secretos para estar en armonía.

Hay cambios hay ciclos igual de importantes, en lo individual me comparo con una pirámide que no termino de construir, cada piedra, bloque o niveles. Trabajo con responsabilidad, es también un arte y debo hacer constantes y mejores ajustes pensando en lo perfecto. Muy importante creando reinventando divirtiéndome, sin importar el ritmo no compito con nadie. Considero más importante estar activo no pasivo, observando y criticando a los que se atreven., siento crecer más ordenadamente. Los ciclos son eventos que me afectan a ratos bien y otras no tanto., ahí está el detalle dijo nuestro querido Cantinflas.

Lo que no depende de mí no va a desgastarme, tampoco lo cambiaré, estará por siempre siendo parte de ese todo. El resto lo haré a mi modo respetando derechos ajenos, de tal manera que debo aceptarlos aprovecharlos, por ejemplo, las estaciones del año con sus exclusivas manifestaciones, recibirlas al máximo y no rechazarlas., juzgando menos y haciendo más, como el valiente colibrí.

Desconozco hasta donde va a llegar mi pirámide, ya rebasé el nivel 50 o sea 50 vueltas al sol, sé que mientras más alta más vulnerable, pero el lado positivo es que me siento una gran antena viva. Creciendo cada vez en cobertura física terrenal y etérea., trato de tener cada vez más conexión con esa macro consciencia con esa gran fuerza creadora.

Por eso en cada nivel debo ser más responsable, y digo que resulta divertido pues solo yo decido los colores, acabados y texturas de mi obra. Si quiero que brille o no con el sol, con la luna o simplemente que brille en la oscuridad, inclusive si deseo que sea invisible temporalmente.

MIS RAICES, EN EL HOMBLIGO DE LA SIERRA MADRE

Muy cierto, me parieron y los primeros 13 años de mi vida fueron en una pequeña comunidad rural. A pesar de que mi contacto con la naturaleza fue permanente jamás perdí ni pierdo la capacidad de asombro., menos ahora. Lo que veía escuchaba y sentía, quería guardarlo en mi mente y corazón y aparte poder escribirlo dibujarlo, por eso tenía ansiedad de aprender a leer y escribir, mi gran motivo y razón, hacer algo más con lo que vivía una especie de diario buscaba un complemento quizás empezar   el libro de mi vida.

Desde que tengo memoria, mi niñez fue muy especial y bendecida, también tuve experiencias no tan buenas hubo hasta traumáticas., pero sin todas ellas, no sería quien soy. Honro mi pasado pues el simple recordar me sana de cualquier estrés jaqueca o tristeza. Ese instante en el que la memoria de repente me transporta a un bello recuerdo que me llena de dulzura., tal vez el simple hecho de atender y soltar a ese niño que vive en mí, con frecuencia es maravilloso.

Mi madre se encargó de sembrar momentos fabulosos, por ejemplo, las piñatas que confeccionaba con su creatividad y agiles manos, a partir de una olla de barro con sus respectivos picos pegados con engrudo, forrada de colores vivos con papel de china, y aunque los dulces eran escasos terminaba bien rellena de frutos de temporada., para luego ser apaleada en el gran patio.

Todos los vecinos eran invitados, no podía faltar el pesado y rico pastel con aroma a vainilla, forrado con el turrón a base de clara de huevo y azúcar este a punta de tenedor levantarlo hasta darle el punto, era la batidora del rancho. La ultima piñata que hizo mi madre fue cuando cumplí once años, conservo una fotografía, gracias a mi profesor y padrino. Durante mi infancia recuerdo dos programas que implementó el Gobierno Federal y hasta la fecha reconozco que fueron muy acertados y de gran beneficio para todos.

Comisión Nacional para la Erradicación del Paludismo. Un problema de salud que azotaba a la región, fue exitoso gracias a la gran labor que desempeñaron brigadas de hombres con profesionalismo y entrega, recorrían cada ranchería sin importar distancias y lo difícil de la topografía, y el clima fumigaban cada choza así estuvieran sin habitar., a todos los miembros de la familia les practicaban muestreo de sangre y se las llevaban a laboratorios del pacífico. A caballo y a pie en sus recorridos apoyados por la gente de cada lugar, sin embargo, solían comprar sus alimentos., era común escuchar, ya vienen los rociadores porque hasta fumigaban la cabeza de personas que tenían piojos.

Mi madre en varias ocasiones los atendió, con las comidas también y apoyó pues le dejaban material para que tomara muestras a personas que no estaban en el lugar cuando ellos pasaban. Marcaban con una tinta especial la casa que ya había sido tratada con las siglas C N E P si mal no recuerdo y la fecha.

El segundo programa del Gobierno Federal, fue la erradicación del gusano barrenador del ganado., un serio problema en las ganaderías, la causante una mosca que inoculaba sus larvas en tejido vivo de los animales. Obviamente al no atenderse había serias pérdidas ya que morían animales principalmente crías., otros más perdían extremidades como el rabo, podían quedar ciegos, cualquier herida se convertía en un problema para los ganaderos., el lugar favorito para estas dañinas moscas era el ombligo obviamente al nacer los animales, los becerros eran prioridad por esta razón teníamos que estar revisando constantemente todo el ganado.

Al encontrar animales con problemas, eran arreados a lugares accesibles y los vaqueros usaban lo que tuvieran a la mano como, ajos vinagres combustibles y raras veces tenían algun químico efectivo. Recuerdo empezaron a volar avionetas arrojando una cantidad impresionante de cajas blancas, estas contenían moscas que al cruzarse con las dañinas las volverían estériles y por supuesto que funcionó, en dos ocasiones encontré cajas con algunas moscas. Por otro lado, también se implemento los baños por inmersión para el ganado y bestias principalmente, con buenos resultados pues eran desparasitados sobre todo externamente.

Por esos años había mucho ejército en la sierra y en ocasiones mi madre también les vendió alimentos, teníamos miedo pues había rumores entre adultos que los militares maltrataban familias, violaban mujeres y golpeaban a los señores., pues bien, los rumores siempre vienen acompañados de algo real. Decía mi abuelo que cuando el río suena es porque agua lleva, y en efecto una tarde llegando de la escuela a comer mis hermanos y algunos otros compañeros que calentaban lonche en nuestra casa., estando en plena comida llegaron un pelotón de soldados con mi padre en medio, con su camisa blanca ensangrentada de la espalda con lodo en la cara despeinado y maltratado, lo habían golpeado en un pantano cerca del rancho., fue sorprendido cuando cortaba leña, acompañado de un trabajador.

Caminaba con dificultad encorvado y se quejaba un poco., todo esto fue para forzarlo a que les entregara un arma que él tenía en casa desde que fue rural. Mi madre les dijo algunas cosas y el comandante la amenazo verbalmente estuvimos muy asustados, tal vez ella se excedió, pero en el fondo tenía mucha razón se encargó de entregar el arma y se marcharon.

Mi padre cuando éramos niños comentaban los demás adultos y algunos jóvenes, era de mecha corta, en otras palabras, que se irritaba fácilmente y no se controlaba. Y en efecto creo que con nosotros los hijos y con mamá a veces se excedía en su actitud., recuerdo la primer fajera que nos dio nos dolió hasta el alma, en compañía de mi hermana todo porque un joven familiar le hizo comentarios de que nosotros éramos unos groseros que le decíamos malas palabras y que nos burlamos de él y de su novia etcétera., qué groserías podían decir dos niños de 5 y 7 años?

Sin cuestionar llegó a casa nos tomó a cada quien de una mano bruscamente, y nos acercó al único altar llevando consigo una cuarta o fuete que se usa para pegarle a las bestias, nos dio alternadamente, lloramos a gritos y de pilón nos hincó en el altar ahí nos dejó., cuando terminó se fue diciendo en tono amenazante, para que aprendan a comportarse ya me platico mi sobrino las groserías que le dijeron.

La segunda en mi caso fue un poco peor, estábamos en la sierra en pleno verano., llegó de revisar el ganado bajó de su bestia un macho hijo de burra y caballo un híbrido, no muy manso, pues traía un cabrestante bastante largo. Asumo que venía con hambre pues se fue directo a la cocina. Nosotros jugábamos canicas en el patio pues la tarde se veía y sentía espectacular., distraídos no atendí su orden que según él me dijo amarra el macho en el poste y aflójale la montura.

Cuando salió de comer el macho se había pasado del patio a una tierra de agricultura que tenía sembrada papa en plena floración, reaccioné, pero ya era muy tarde, trajo consigo al macho., obviamente destruyó algunas plantas al pisarlas y otras con la enorme soga que arrastraba.

Me tomó por sorpresa de una mano muy fuerte que lastimándome y medio arrastró hacia otra parte del patio, en lo que íbamos tomó con su otra mano un cabestro , hecho con cerdas de caballo que son más agresivos que las cerdas de res., lo dobló a la mitad y le dio media vuelta al aire para tomar impulso, me azotó siete veces, esta ocasión me hizo mucho daño pues me abrió la piel con bordos y algo de sangre, lo que más dolía era el extremo de aquel bravo mecate doblado hacía lo que un látigo. Empezó la lluvia, quede tirado ahogado en llanto y dolor justo donde caía el agua de aquel escandaloso techo de lámina, el pequeño charco que se formaba mitigo un poquito el fuego y dolor de mis piernas.

De cualquier manera, el dolor era horrible lloré y me oriné, deje de llorar, me alejé de casa y subí a un pequeño cerro, Dios me perdone por momentos sentí ganas de arrojarme de cabeza desde una peña (roca muy grande) y también masajee mi pelo para atraer un rayo, quería morir para que él sufriera, así me sentía de mal. Eché de menos a mi abuela y tíos, ansiaba estar con ellos y no regresar a casa.

Ahí permanecí hasta pasar la lluvia, por la noche mojado hambriento, sediento y muy adolorido., me salían unos sonidos entre suspiros y bostezos, entre lentamente a la cocina cené algo bebí agua y me fui a acostar al tapanco, la planta superior de la casa ahí con una cobija delgada pude dormir estaba agotado.

En alguna ocasión leí que las cuentas cármicas eran solo en almas, desconozco del tema, pero ese mismo año el macho de la discordia murió ahorcado, coincidencia karma o causalidad no sé. Lo dramático de esta situación es que yo fui el mensajero de tal noticia para con mi padre, un día antes acompañé a mi madre a un lugar en el que tomaría avioneta para viajar a la capital.

Definitivamente el número once ha marcado mi vida, a esta edad fue mi última piñata, y también los azotes que me dio mi viejo. Esa misma temporada habiéndose quedado el rancho sin familias., fui enviado en compañía de un primo que era ya un joven a trabajar las tierras. Llego el primer fin de semana, y otro familiar paso a saludarnos, sin embargo, armaron su plan, asistir al pequeño poblado a hora y media de camino para bailar y obviamente ver a sus novias.

Dijeron que volverían por la noche, obviamente faltaron a su palabra. Tenía mucho miedo de estar solo no había perros ni gatos solo un macho usado para montar y para la carga., entrada la noche hice tortillas de masa, guise frijoles un té y prepare un tendido en aquel piso de tierra con cueros de chiva y venado un petate (tapete hecho a mano con cierto tipo de palma, es un arte lograr tejerlo, no cualquier persona tiene la experiencia y el conocimiento, es de tradición y multi usos) y cobijas, me alumbraba con ocotes, no había quinqué. El ocote al estar consumiéndose truena con sonidos muy peculiares y al más tronar más apretaba mis ojos, sabia lo que estaba pasando y no iba a pasar la noche en vela quemándolo, pues tenía suficiente al estar en lo más alto de la tierra.

El miedo era demasiado pues en algún momento se apagaría el ultimo ocote y no había luna, solo una oscuridad completa., por otro lado, platicaban los adultos que en ese rancho se escuchaban ruidos escandalosos y veían fantasmas desde años atrás., pues fue camino real donde transito mucha gente con minerales de oro y plata y constantemente eran asaltados muertos y robados.

Antes de acostarme, amarre el macho lo más cercas de casa para compañía, escuchar sus ruidos me daban algo de tranquilidad, luego me encerré en la pequeña recamara sin ventanas, atrinque la puerta con una gran barra metálica, amarre mi cabeza con paliacate rojo y coloque algunas rajas de ocote, tenía horror que bajara por la escalera del tapanco ese tan mencionado fantasma., me propuse a dormir antes de que se consumiera el ultimo ocote, gracias a Dios logre hacerlo. Desperté muy temprano por el canto de tantos pájaros, me levanté muy afanoso me sentí todo un hombre.

Retomando el tema del macho maléfico., dormimos en casa de un tío y al amanecer el animal estaba muerto. Los dos hermanos solo dijeron, ya se quedó sin macho mi hermano. Yo sentí una carga emocional espantosa, el camino se me hizo muy pesado, seguro estaba que arremetiera contra mí. Pero la responsabilidad recae entonces en sus hermanos como adultos., los que tenían facultades para poder amarrarlo de una mano y evitar lo que no se evitó., el animal seguramente se echó y en un troncón se recorrió el bozal y quedó ahorcado. Mi viejo estaba cosechando maíz antes de llegar a casa, me esperaba con las dos bestias, ¿yo sentía un nudo espantoso en la garganta, que paso mijo como les fue? Con dificultad conteste, ¿eso lo hizo preguntarme te duele algo? no conteste, y donde está mi macho porque no lo traes? es que el macho ya no está, ¿cómo qué no? ¿Te quito el mecate o que paso? lo dijo ya molesto apretando mi muslo derecho con su mano izquierda áspera y caliente pues yo permanecía montado., te estoy hablando donde está mi macho? y llorando con cierta discreción le dije está muerto.

Su tristeza no le permitió regañarme o reclamarme, ¿será posible lo que me estás diciendo y mi hermano fue el culpable que no le dijiste que asegurara el macho? Si le dije, vete para la casa pues., y quita la montura ala mula y come algo.

A mi padre lo vimos dos o tres veces llorar por el famoso macho. ¿Siempre me preguntaba porque me ordena hacer cosas que mis amigos no hacen? ¿Acaso es más importante un día de trabajo que acompañar a mi mamá o viajar a buscar medicamentos? ¿teniendo trabajadores eventuales de más edad y experiencia porque no los manda? así yo no sufriría tanto.

En cierta ocasión madrugamos para encaminar a mi madre al mismo lugar anterior., como adultos en sus bestias y yo caminando , el ritmo exagerado para mis cortas piernas, estaba a oscuras y la visibilidad por la vereda no era buena, también me preguntaba porque no me montan en ancas de una de las bestias? de tal manera que me envió adelante, repentinamente tropecé y al caer puse mis manos , lo malo es que mi diestra cayó entre nopales fue horrible, no dije nada y seguí caminando y aguantando sin llorar., camine dos horas y media jamás me treparon a una bestia.

Trate ya por la mañana de quitar algunas espinas. pero eran demasiadas, tarde tres semanas para sanar de la mano, y fue gracias a una tía esposa de quien también me salvara de ser tirado por una mula., ella me hizo cortadas con una navaja de rasurar y mezcal en ausencia de alcohol, drenaba mi mano presionando, tenía que aguantar porque los hombres no lloran, pues se infectó e inflamo como un globo, por tantas espinas (alhuates) que se quedaron dentro de la piel y yema de la mano)

Ya un puberto trabajando en el cultivo del maíz apoyando a mi padre, ya que en terrenos planos lo hacíamos con arado y bueyes., así avanzábamos mucho más, todas las tardes terminando la tarea los bovinos eran arreados a un gran potrero para el día siguiente temprano traerlos y volver a trabajar.

Mi labor era buscarlos y regresarlos temprano, a pesar que tenían cencerros en su pescuezo (para encontrarlos por el sonido de estos), eran listos y a veces se quedaban quietos entre la maleza para no ser descubiertos., y como había demasiada vegetación por las abundantes y benditas lluvias. Así pues, esa mañana busqué sus huellas sin éxito, me regresé a casa sin ellos, se molestó un poco y me ayudó a buscarlos, le dije donde había recorrido y nuevamente nos dividimos la tarea., a la hora del almuerzo seguíamos igual sin los bueyes y llegó un sobrino un Rarámury, muy agitado buscándolo pues mi padre era el comisario de la ranchería la autoridad. ¿Que se te ofrece? le preguntó vengo a avisarte que hay un difunto, un cadáver de X rancho obviamente era conocido, y parece que lo mataron anoche le dispararon en el pecho.

Muy mala noticia, hizo gestiones, pero no tenía consigo el sello para validar el acta correspondiente, el cual estaba a dos horas y media a caballo en otro lugar., consiguió un macho prestado que era muy rápido lo ensillaron y me dijo, te vas ahorita por el sello ya eran como la 1 de la tarde.

Pues justo por el camino que salí del rancho estaba el cadáver bajo una pequeña cueva a escasos 2 m del camino, lo irónico es que en la mañana llegué a ese punto unos 10 metros antes a cortar huella, me regresé al no verlas. En hora buena de nuevo el ángel de mi guarda no permitió que llegara hasta con el cadáver, pues hubiera sido aterrador, la pendiente era muy peligrosa caída libre hasta un arroyo, no sé cómo hubiera reaccionado. El cuerpo estaba lleno de sangre coagulada tirado en el camino, boca arriba con los ojos abiertos y su morral creo aun con su lonche, en el hombro izquierdo, bajo una enorme piedra que servía de refugio en las lluvias, una cueva.

Eso vi de arriba de la bestia, para entonces había más personas, mi padre metía sus dedos en las heridas para contar los orificios e identificar el calibre del arma., me dijo vete con precaución porque esos rumbos llevan las huellas del homicida, tú no te vayas a parar y dale rápido al macho, no debió haberme dicho tal cosa., porque eso me puso más nervioso, tenía mucho miedo en el camino.

Después de dos horas y media llegué hambriento y cansado lo bueno es que no me llovió en el camino. Recogí las cosas me dieron comida, pero como era muy tarde un tío me apoyó, y en la tonelada un camioncito de carga subimos el macho y nos regresamos, hasta cierto punto y continuar a pie.

Llegamos noche de vuelta, ya lo estaban sepultando, fue en vano mi vuelta muy cansado asustado y de todo. Temprano al día siguiente me dicto y yo escribí los pormenores del acta correspondiente., para variar sentí nauseas pues había apenas terminado mi almuerzo. Nuevamente me pregunté por qué me mandó a mí, ¿cuándo hay varios adultos??

Regresando un poco, en lo personal lloramos en cierta ocasión al morir mi caballo, el que yo montaba desde los 6 años se desbarrancó cuando lo montaba un primo, el caballo más querido y manso que recuerdo hayamos tenido y era exclusivo para mí. Tan manso y dócil que se agachaba para que yo le pusiera o quitar el freno y la montura, le daba de comer moloncos (mazorcas pequeñas) con mis manos lo peinaba y bañaba, podía montarle sin montura sin freno o soga.

En el rancho todo mundo se dormía temprano, no había que hacer tampoco mucho que ver, a excepción de escuchar un pequeño radio de transistores que funcionaba a base de pilas, con un alambre hasta el techo a manera de antena, y otro conectado a un clavo a la tierra. Cuando no era verano, al no haber tormentas la señal era más clara mejor sonido., los adultos escuchaban las famosas radionovelas y a veces nos acercábamos muy concentrados, así imaginábamos los escenarios eso era divertido cuando había suspenso, parábamos por instantes hasta la respiración. Y todo lo contrario cuando mi padre en la madrugada encendía el mismo radio para escuchar canciones por mucho tiempo, a esto le seguía levantarse amaneciendo y preparar su café y ya no dormíamos pues nos levantaba temprano.

La casa vecina más próxima siempre fue la de mi abuela paterna en ambos ranchos., y por su ternura y cariño con frecuencia me quedaba a dormir con ella, cuando hacía frío al ser piso de tierra, mi abuelita colocaba bajo la cama una cartera con brasas eso generando un calor muy agradable. Por otro lado, me acurrucaba en el rincón o sea hacia la pared para que no me fuese a caer, en otras ocasiones tomaba uno de sus delantales lo calentaba y envolvía mis pies.

En las tardes al visitarla, siempre me daba un dulce o una galleta, y por las noches era común que una tía le preparara ponches con molinillo, consistía en leche caliente, chocolate de tablilla, canela clavo y huevo., me encantaba olía toda la casa y el sonido del molinillo de madera con varios anillos era único, siempre me compartía. Fue espléndida., los pequeños envoltorios de los dulces, con sus delgadas y muy blancas manos los extendía luego hacía dobleces, logrando hacer pequeños adornos a manera de flores o moños para colgarlos con hilos en su altar de la recámara., estos brillaban como estrellitas por las noches, gracias al quinqué de petróleo que al acostarnos después de persignarnos bajaba la mecha al mínimo para no estar a oscuras, acostumbraba apagarla por completo cuando yo me había dormido.

El petróleo era usado solo en ocasiones, pues era traído de lejos debido a esto había que cuidarlo, no abusar de su uso. Recuerdo en algunas ocasiones los hombres adultos jugaban cartas por las noches y les alumbraba con rajas de ocote (corazón de pino o producto de tabacones que consisten en quitar corteza al pino adulto y vivo con buena calidad en sus hebras o conformación, para el próximo año ya era ocote y se quitaba con mucha facilidad con hacha., también se produce al incendiarse parte del enorme tallo., tan bueno como si tuviera algún combustoleo ,enciende con mucha facilidad y puedes caminar horas por la noche ,una antorcha de larga duración y luz intensa.) el detalle es que produce mucho humo y lloraban mis ojos, también al quemarse produce una especie de aceite oscuro y viscoso hirviendo, lo nombramos choquil.

Al caer gotas en manos o pies duelen que hace gritar., pues siempre traje guaraches, de tres agujeros, o sea tipo sandalias, pero muy reforzados normalmente de llanta con plantilla de baqueta para no ser tan caliente y evitar las grietas o callos en los talones, que son comunes en los Raramurys. El detalle es que al llover la baqueta y correas (piel) crecen y surge la necesidad de recortar y ajustar. Estos guaraches en su mayoría mi padre los confeccionaba. Lo bueno es q desde entonces tenía ingresos para mis dulces, me pagaban un peso por cada hora de luz., valió la pena el desvelo y las quemadas.

Comenta la familia que, desde mis primeros pasos, me dejaban con mi abuela a su petición o mi necedad por estar a su lado. Con frecuencia tenia tos, ¿yo le preguntaba porque Manina? (así la nombrábamos todos los nietos) Tengo ansiedad, era su respuesta, pero ya me van a preparar un tecito mijo. Recuerdo la acompañaba a cortar frutos próximos a la casa, tenía dos grandes patios con árboles frutales muy variados, especialmente las granadas mis favoritas, cuando ya estaban abiertas y listas para comer.

Sentada en su silla de cuero y a los rayos del sol, colocaba sobre sus piernas un recipiente de palma que llamamos guare, y algún retazo de manta, ahí con paciencia y sonrisas les quitaba la cascara y separaba el suculento fruto., solía limpiar mi boca con su delantal, y su mirada de ojos tan azules como el mar de la reviera maya así fuera a través de sus famosas antiparras, o sea lentes de graduación., me daban paz y amor., y cuando limpiaba estos también con el delantal, trataba de verlos con mas atención eran pequeños pero de un azul intenso como mis canicas, muy hermosos.

Como olvidar que al despedirme sus besos y abrazos eran tiernos y prolongados, siempre revisaba mis botones de la camisa que eran tres, mientras me daba consejos y sus bendiciones, por lo general traía el primero suelto y se encargaba de mandarme bien abrochadito, sentía algo incómodo como que me asfixiaba no estaba acostumbrado. Decía así se ve más bonito mijo, como su abuelo.

A quien solo recuerdo a manera de sueño, murió siendo muy pequeño., en el camino a casa que eran si mucho 300 metros volvía a desabrocharlo, algunas veces me costaba trabajo.

Dicen estuve y es verdad muy engreído con ella, sin importarme si estaba mi madre en el otro rancho. En estos casos mi padre se encargaría de llevarme en su caballo montado en la parte frontal., después ya más grande me colocaba en ancas, cuando pude agarrarme fuerte de su delgada cintura, y soportar el aroma al quemar sus cigarros. Cuando el sol era fuerte me daba sueño, pero el miedo a caer me mantenía firme.

Fue de las cosas que más disfrute con mi viejo, pues era rudo frío y poco cariñoso, el mínimo contacto físico. Me daba mucha seguridad cuando me sujetaba con su mano izquierda en tramos difíciles de las veredas, me sentía muy importante y que iba a una velocidad o trote muy rápido., el aroma al caballo sudado me gustaba, el rato que el dejaba de fumar. Aclaro que el aroma del caballo es muy diferente a la bestia mular o burros.

Esto era pesado después de una hora de camino, ya que mis piernas eran muy cortas y las ancas del caballo muy amplias, más cuando estos están bien alimentados y pelechados.

Pero nada que ver con las angustias que pase tras él, cuándo caminábamos largos tramos a pie. Desde los cinco años me ordenaba acompañarlo., no respetaba mi ritmo y con frecuencia me quedaba muy atrás, me aterraba cuando pasaba cerca de grandes árboles y de las enormes y oscuras cuevas en rinconadas y arroyos.

Mi respiración era insuficiente de tal manera que sentía ahogarme y a la vez ganas de llorar, salían de mi pecho sonidos raros como si mi garganta fuera muy estrecha. y lo evité pues temía sus regaños., con frecuencia decía los hombres no lloran. Cuando había mucho monte solamente alcanzaba a ver el humo de su cigarro., las veces que, si me cuidaba con mucha atención, fue en veredas de mucho riesgo angostas y pendientes, en esos casos amarraba mi cintura con la reata o soga que siempre usaba colgada en su hombro izquierdo, el enfrente, si llegara a rodar no caería al precipicio, eso no mitigaba mi horror.

Un evento que nos asustó exageradamente, fue una tarde en la que mi hermana y yo oscureciendo llegábamos a casa estando en el microclima, andábamos encerrando las crías de nuestras cabras, tarea que hacíamos a diario para que la mañana siguiente sus madres tuvieran leche suficiente ordeñábamos una por una , y la técnica consistía en meter la pata izquierda de la chiva en la parte posterior de la derecha de nosotros, así sentábamos en cuclillas ejerce presión para inmovilizar el cuadrúpedo, unas cachetadas en la ubre para quitar el polvo, recipiente en mano izquierda y ordeñar con la derecha, terminábamos acalambrados , pero llevando leche fresca cada mañana.

Escuchamos llantos de mi madre y de mi tercer hermano de aproximadamente tres años, aparte había mucha gente en casa mi padre no estaba. Me acerque a duras penas entre los adultos mi hermano tenía una herida espantosa de unos siete centímetros y más ancha que la herradura del caballo al estar muy inflamada, que de milagro no lo mato., entre su oreja y el ojo derecho, lo había pateado el caballo de mi padre, pues en las tardes se acercaba para comer su ración de granos.

El niño era inquieto, y mamá estaba planchando ropa en la cocina, ya que las planchas ocupan calentarse en la placa del calentón o cercas de las brasas. No se dio cuenta hasta después de hablarle repetidas veces y al no responder salió a buscarlo, encontró a mi hermano desmallado cerca del caballo, en un charco de sangre.

Amaneciendo se dieron a la tarea de cargarlo en una especie de dos palancas unidas por una colcha asemejando una improvisada camilla, pues en bestia no era conveniente., dos hora y media para llegar a una pista donde bajaban pequeñas avionetas siempre y cuando el clima lo permitiera., gracias a Dios consiguieron un vuelo especial a la capital (sin escalas) aquel niño aguantó y los doctores lo atendieron.

También por esos años estando en la sierra, recién habíamos llegado mi padre como era común no estaba en casa., solo mi madre la sirvienta y los hijos. Por la madrugada mi hermano más chico de apenas dos o tres años, nos despertó con su llanto exagerado por susto y dolor, dimos un salto mi madre encendió una pequeña lámpara de mano, el niño se tocaba el cuello desesperadamente., un alacrán le pico muy cerca de la yugular y también en uno de sus dedos de la mano.

Todo se volvió un caos, el poblado más cerca era un pequeño aserradero donde a veces había doctor o alguna enfermera., eran dos horas y media a lomo de bestia a buen paso, alertamos a la familia que estaba en casa de mi abuela, un primo ya con mayoría de edad era la única opción, pero no tenía bestia para montar salió a buscarla., mamá angustiada envolvió a mi hermanito en una cobija y lámpara en mano a toda prisa emprendió el camino, una subida muy pronunciada, nosotros quedamos asustados.

Dios jamás abandona, después cuarenta minutos ya por una brecha para camiones que fleteaban troncos, la alcanzo uno con el mismo destino., llegando al poblado en efecto estaba el doctor salvo a mi hermano.

Naturalmente había accidentes menores con frecuencia, recuerdo a los seis años el primer porrazo fuerte, en compañía de un primo trepamos a una gran guayabo competíamos por las mejores, repentinamente vimos una suculenta guayaba, al mismo tiempo decidimos cortarla, pise un a rama seca, caí verticalmente de cabeza, abajo del árbol había un gran barda de piedra una gran trinchera , la abierta fue tremenda pare y volví a caer, la madre de mi primo me aplico una gran cantidad de café molido no había nada más que hacer., mamá no estaba en el rancho., al tercer día seguimos cortando guayabas.

A mis diez, corriendo tras una manada de cerdos para encorralarlos saltee una cerca y al caer del otro lado sentí que algo traspaso mi guarache y entro de golpe en la parte curva de mi pie derecho, un dolor espantoso, al tratar de quitarme el guarache no fue posible un gran clavo oxidado literal había grapado a mi pie con él, abundante sangre de la impresión no lloré aceleré el paso a casa pero a la mitad del camino diez minutos cuando mucho no podía caminar, jale con fuerza el guarache y más sangre pero pude correr descalzo , para llegar con mamá, el clavo y guarache permanecieron por un rato juntos.

Algo similar sucedió en otra ocasión al brincar un pequeño arroyo, no vi un alambre de púas que estaba arriba de mi cabeza perfectamente amarrado y estirado entre dos árboles., en pleno salto me abrió más de diez centímetros medio cráneo, quedaron mis cabellos enredados y sangre en toda mi cara y cuello arranqué a casa.

Como olvidar las uñas que perdí variadas veces de ambos pies manejando el ganado en los corrales, principalmente las de mis dedos gordos. Cada vez que me pisaba una res de talla grande, al ser esta con ligera rotación, escuchaba el tronido y al ver mi dedo ya no estaba la uña, muchas veces ni la encontré, de hecho, solo el tejido vivo, aun sin sangre por la presión ejercida, me causaba curiosidad como empezaba a salir sangre como mini filtros de abajo hacia arriba. Eso si en minutos el dolor era fuerte.

Soy un hombre en un cuerpo con muchas cicatrices, las siete de mi cabeza fueron en el rancho en mi niñez, el resto de mi cuerpo tiene las suficientes para recordarme el camino del pasado, también me dice que es muy fuerte. Admito que existen otras más difíciles pero que más me han enseñado. También son motivo de una canción.

CICATRICES

La primera fue al caer de una trinchera
luego fueron algunas que a mi piel
abrieran, hasta conocer
aquella quinceañera.

Fue quien abrió mi corazón,
me enamore como un idiota
sin consciencia y con razón.,
sería su edad su belleza, o la comezón.

Bendita Juventud
cuando hay pasión y esclavitud,
después con dos o tres

quise olvidarla de una vez.

Con más bigote y más de veinte
me enamore perdidamente,
solté el caballo y no imagine., que ya
desbocado hasta el mandado
iba a perder.

Las consecuencias fueron hermosas
y escandalosas en la fe,
pues de dos enamorados
a los meses fuimos tres.

Fue la primera cicatriz
a mi consciencia por desliz,
seguía enamorado con gran candado
y gran raíz.

Desde la trinchera a los cincuenta

sigue aumentando recio la cuenta,

mas rayas al tigre en el camino., algo sin

vergüenza o quizás será el destino.

Cada cicatriz tiene propio espacio

unas fueron fuertes otras más despacio,

a veces en complot me sacuden

cual robot., y al estar de buenas

son el motor, en los caminos del amor.

DIME SEÑOR

He tropezado y llegue a caer

y a esa vereda no he de volver

pues mis porrazos, ninguno

ha sido con suavidad

tal vez cerré los ojos al dar velocidad.

Algunas cicatrices al espejo
puedo ocultar, otras tan adentro
que afectan mi respirar.,
queriendo a ratos solo con mi alma
poder volar.

Luego me arrepiento al sentir el viento,
y la fresca lluvia que tanto alivia., y
al padre sol con su calor.

Y qué decir de variadas flores
y sus aromas, me recuerdan
que estás conmigo y con amor
siempre te asomas.

Dime señor como hiciste tu
para soportar tanta ingratitud,
de qué tamaño es tu corazón
y los colores de tu gran razón.

Quiero conocer tu gran verdad
y junto a ti a ratos volar, así a mi
regreso poder sembrar y cosechar
hasta en el mar.

Soy grano de arena en la tempestad,
pero junto a ti no tengo
miedo a la oscuridad.,
somos millones más y más de humanos,
pero se muere la humanidad.

Al perder uñas o sufrir otras heridas, mamá enfermara, nos lavaba con agua y jabón, preparaba una pócima especial de trementina de pino o sea resina, alcanfor, bolitas de cilantro, y en una pequeña lata al estar hirviendo, con la pluma larga de cola de gallo arreglada a manera de pincel, nos aplicaba aquella mezcla, cauterizando y desinfectando la herida, dolía mas que la propia herida. Luego nos hacia una especie de dedal para el dedo, esta de manta y con amarres largos para alcanzar hasta la parte trasera del pie. Así después presumíamos que ya viene la nueva uña. Pero cuando estaba en peligro la vida de alguien era muy angustiante por la escasez de medicamentos y doctores, las distancias a pie o en bestia solamente.

Dicen por ahí que el hombre es cazador y la mujer recolectora., en mis padres no lo encontré menos vivir algo similar. Papá era difícil de que permaneciera un día completo en casa, incluyo sábados o domingos. Su justificación era voy a revisar el ganado, o tramos de cerco donde la topografía era muy accidentada., en el fondo creo no le gustaba estar en familia o quizás se acostumbró.

De las pocas veces que permanecía era por las tardes en verano cuando las lluvias eran prolongadas, en estos casos no soportaba estar sin hacer algo, aprovechaba para descarmenar cerdas de bovino que simplemente eran las puntas de sus colas, se las cortaba cuando eran muy largas, con doble objetivo, que no se enredaran en la maleza y la segunda hacer cabestros mecates.

Una vez que las desenredaba hacia un rollo perfecto, lo ponía en sus piernas sentado en sillas de cuero. En mi caso me daba una tarabilla, tipo media hélice de avión en su extremo más delgado un eje (trabuco perpendicular) para que girara constantemente al ritmo requerido. Así pues, yo giraba a favor del reloj con mi diestra avanzando lentamente de reversa, muy concentrado si me aceleraba el delgado hilo se rompía al ser lento este se hacía cocas, y la regañada nadie me la quitaría.

Cada hilo era estirado y amarrado en sus extremos con estacas o clavos grandes en el suelo tensados y asegurados, luego con tres hilos simétricos se enredaban y con vueltas contrarias hasta terminar un perfecto y resistente mecate o soga de cerdas, (similares a las crines o colas de caballos.)

Nunca entendí tal situación, y comparaba con padres de muchos niños de mi edad, y les pregunté muchas veces como eran los fines de semana en sus familias, nada que ver con nosotros. Y queriendo ver con más enfoque lo de cazador y recolectora, no recuerdo halla traído algún venado o algún animal silvestre para comerlo. Mi madre hacía de todo, incluso nos fuimos repetidas veces al campo con burros aparejados y hachas afiladas para cortar y cargar leña seca. Una tarea difícil cuando se trata de encino seco, es durísima en consistencia y se da en pendientes complicadas eso si es la mejor leña por su calidad de brasa y genera poco humo.

Como niños hacíamos lo que estuviera a nuestro alcance, mamá siempre tuvo ayudante en casa generalmente mujeres jóvenes., y sostiene aun que es lo mejor pues tienen fuerza y las hacía a su modo., fue y es muy controladora eso no le beneficia en su salud actual.

Nos atendió de la mejor manera con lo que estuviera a su alcance, alimentos, salud y aseo, cortaba nuestro pelo con las tijeras de cortar ropa, cuidaba no trajéramos prendas rotas o remendadas, fue muy responsable y dedicada, tenía un gusto por compartir nuestras tareas en la escuela., quizás se deba en parte que en su juventud tuvo el privilegio de enseñar a leer y escribir a niños y adolescentes en algunas rancherías. Viejita y viejito continúan con nosotros gracias a Dios.

En la vida siempre hay equilibrios quizás el apapacho que me faltaba en esos tiempos en casa, lo recibí de mis queridas abuelas. Y de los recuerdos más dolorosos fue cuando mi abuela paterna murió., cursaba aun la primaria., mi otra abuela Dios nos la presto muchos años más.

Los niños vecinos eran primos o conocidos, incluyendo los Raramurys de la etnia que aún predomina, nos tratábamos y veíamos como una gran familia, ya que por muchos años sus padres y abuelos trabajaban con los míos. De hecho, me toco que mis padres organizaran en verano grandes faenas. Estas consistían en preparar cantidades considerables de tesguino. Maíz seleccionado lavado y colocado cuidadosamente en una cama de hojas de pino verde muy bien cubierto por las mismas., en un lugar de poca luz, agregando agua diariamente, hasta alcanzar el germinado requerido.

Luego se molía arduamente, todo manual, después cocinado con leña en grandes recipientes con mucha agua., seguía exprimirlo en guares de palma para separar el mosto., así finalmente el jugo se colocaba en ollas de barro que ya estuvieran curadas con levaduras del mismo, estas permanecían en piso de tierra., cubiertas muy bien amarradas con manta limpia, lavadas con jabón de legía (jabón hecho en el rancho, con grasa animal calidra sal y no recuerdo lo más olía delicioso.) se dejaba reposar por 4 a 5 días y listo para beber. Como el dulce del maíz se convierte en alcohol las personas se embriagaban si tomaban en exceso.

Pues bien, el famoso tesguino era refrescante y embriagante., al haber mucho trabajo en el cultivo del maíz en grandes parcelas, crecían las plantas no deseables a la par que el maíz. Se convocaba a los jornaleros vecinos principalmente raramuys. Cada quien traía su herramienta azadón para trabajar arduamente. Iniciaban antes de salir el sol, fueron muy buenos en eso. Disfrutaba verlos pues a mi criterio competían, para las tres o cuatro de la tarde la faena terminaba. Llegaban a casa hambrientos y sedientos, sudados exageradamente llenos de tierra olían a sudadero de caballo con hierbas.

Personalmente les serví algunas veces recuerdo perfectamente a un rarmury que decía a mi padre tío, bebió 14 vasos seguidos, creo le daría los record güines. También se les daba comida quien lo deseara sin embargo eran los menos. El pago por el trabajo era ese, beber tesguino hasta terminarlo (churupí, en su lengua). Aun bebo cuando me ofrecen, preferentemente y no esté muy rendido, fuerte. Cuando tiene muchos días los nativos le agregan más dulce le llaman arrendarlo, pero las resacas dicen es muy agresiva.

Comentan que es la bebida más económica (pues cuando ya se la terminan con solo exponerse al sol el día siguiente vuelven a embriagarse, no me consta, quizás un día lo intente) Es bebida ancestral y la comparten con los espíritus de sus muertos, dejándoles en recipientes de barro o guajes en las tumbas o bien avientan con júmate o guejas al viento al cielo antes de beberlo, también a su Dios.

En cada estación del año cambiaban nuestros juegos y pasatiempos voleibol, béisbol un poco de fútbol carrizos a manera de pistolas de agua o pistolas de trabuco con municiones de trapo y grasa de vacunos, estas dolían y sonaban fuerte, eran un encanto, llegaban tiempos de canicas, trompo arco y flechas, resorteras, también, por las noches jugábamos chinchilagua, al bote robado el cinto escondido y algunos otros.

La mayor parte de los alimentos los producíamos las familias. Carnes, granos desde el maíz frijol avena trigo, papa, caña, todos los cítricos, naranjas toronjas limas naranja limas, sidras limones, también arrayanes moras granados plátanos aguacates quelites del temporal, chiles tomate cebollas ajos cilantro variadas calabazas y sus flores, una gran variedad de plantas aromáticas y de efecto carminativo.

Existen anécdotas de familiares más antiguos que yo, cuando viajaban días de camino en bestias para vender frutos, quesos y huevos de lo más común a pequeños aserraderos o explotaciones mineras.

Un tío siendo joven, recorriendo casa por casa con sus bestias cargadas, pasaron por un pequeño templo y al estar sus puertas abiertas vieron santos, estatuas muy similares a los humanos había poca luz interior. Confundido este les pregunto si compraban huevos, al no contestar les grito con fuerza, ¿señores compran huevos o queso ranchero? Jajajajaja nunca les contestaron. Es verdad no es broma.

Otro primo mayor unos años, en su primer viaje la merma fue exagerada por romperse la mayor parte de huevos en los guacales en lomos de mulas por muchas horas. En la segunda vuelta decidió hervirlos en un gran recipiente obviamente nadie se enteró., la merma fue de cero. No hubo una tercera, pues los clientes literalmente lo buscaban para ahorcarlo. Jejejejeje, es verdad.

De mis primeras andanzas en el rancho una muy importante, era guiar los dos bueyes cargando una vara en mi mano, me daban nervios cuando estos caminaban fuerte, sus cuernos eran largos y agudos sus exhalaciones calientes y muy agitadas por momentos las sentía en mi espalda. Eran tantas vueltas, muchas horas más el caliente verano me cansaba demasiado., pero el instinto de conservación hacia que acelerara mi paso. También rechinaban sus muelas tan fuertes que me angustiaban.

Estos van jalando un arado de madera, que va dirigiendo mi padre con garrocha en mano y en su extremo tiene una pica, para mantener alineación y aceleración de los animales. El equipo consiste en dos bueyes mansos de preferencia, que son ungidos por un yugo de madera algo ergonómico para no lastimar sus gogotes, o sea la parte posterior de su pescuezo, amarrados correas grandes y reforzadas de cuero a sus cuernos.

El barzón de cuero retorcido en el centro del yugo, jala al timón (gracias a una gran clavija de madera a manera de mega perno)., la pieza más larga, a su vez inserta en el arado en ángulo variable, se fija por medio de cuñas que se aprietan y sacan a golpes por un gran mazo de madera, existe una permanente que va en el arado se llama telera, la punta del arado es metálica se le conoce como gato y solo entra a presión. Todo es madera y cuero a excepción del gato.

Las cuñas sirven para regular la profundidad a la que se requiere arar la tierra, primero se barbecha dependiendo el tipo tierra y la humedad, a veces tiene que ser doble barbecho y/o cruzado, después hay que rayar para sembrar y cada dos pasos tres a cuatro semillas y taparlas con el pie., por muchos años los cultivos fueron de temporal y cien por ciento orgánicos, nada de fertilizantes y menos pesticidas.

Desde que germinaban las primeras plantitas había que cuidarlas de unos pájaros llamados chantes, les encantaba el germinar del maíz., y a los niños desde pequeño nos correspondía espantarlos, cuidar la siembra todo el día., a veces nos ponían lonche y un bule de agua, un guaje cuyo tapón era un olote para que estuviera fresca, así pues, lonche, agua debían estar colgados en algún árbol a la sombra, para evitar las hormigas que abundaban.

Usábamos ondas de cuero baqueta, mezclilla o manta, con ellas podíamos aventar piedras con mucha velocidad y distancias considerables, también era motivo de competencia, como David y Goliat. A esto seguía la escarda o cultivar dos tres veces, lo más cansado y difícil hacerlo con azadón, la cintura dolía espantosamente., por último, dar lo que se llama segunda solo cortar ramas indeseables con machete.

Luego viene la temporada de elotes y finalmente la madurez del maíz., antes de cosecharlo hay que cortar el rastrojo que se vuelve alimento deshidratado para el ganado, para la temporada de seca. Se hacen manojos que se amarran con tiras de palma, se mancuernan y se trepan, cuelgan en grandes árboles. Cosechar el maíz con pizcador de cuerno de venado amarrado a la diestra, abriendo con este las hojas que envuelven la mazorca, todo era manual. los niños hacíamos grandes aviones con las cañas secas del maíz, con muchas hélices, estas eran parte de las hojas que cubren tallos ya que tienen ligeramente ondulaciones que permiten giren como rehiletes con el viento, cuando no había corríamos como locos para hacerlas girar y zumbaban que era un encanto.

Después en costales de ixtle y acarreo en mulas y burros, hasta donde se guardan tapancos y graneros., sigue el desgranar a mano con olote quemado era lo ideal., cuando ya se tienen granos suficientes hay que destamarlos, para agregarles cal con agua y reposarlo toda la noche.

Así queda convertido en el famoso nixtamal, se lava perfectamente con agua, se pasa al molino mecánico que es manual, ahí empezaron a crecer mis dos bíceps es algo pesado este ejercicio y de niño me costaba trabajo alcanzarlo, pero mi madre ponía algún banco, el detalle que nadie estuviera quieto en casa.

Posterior llega todo al metate de piedra azul y con otra piedra menor, o sea la mano del metate se remuele dicha masa y se hacen las testales para terminar en exquisitas tortillas hechas a mano., de ahí al calentón u hornillas sobre una placa metálica, en ambos casos tenía que ser curada y limpiada primero con hueso quemado, que presionando fuerte con las palmas de las manos y en movimientos circulares hasta remolerlo y formar esa delgada película que permanecía todo el día. esto ayudaba a que no se pegaran las tortillas y se cocinaran uniformes, este es el resumen desde sembrar el maíz para poder saborear una rica tortilla mexicana del mismo., buen provecho.

El 80% del maíz para consumir en toda la temporada humanos y animales era producido en lo más cálido., el otro 20 restante era en la sierra en lo frío otra variedad de maíz más precoz y se le llamaba maíz serrano, en nuestro caso estábamos a 2700 metros sobre el nivel medio del mar.

Cultivo no menos importante que el maíz obviamente es el frijol., ambos están en la dieta de nosotros los mexicanos desde hace siglos es muy variado. Por esos años sembrábamos en las pendientes, laderas o montañas este requiere más horas frías y más altitud, en terrenos muy irregulares a veces sembramos con una herramienta llamada cubarra a manera de pica, parte madera parte metal.

Me gustaba más, era divertido y menos cansado pues los terrenos generalmente eran desmontes en pendientes considerables y el trabajo resultaba menos cansado al no trabajar tan agachados. Se desarrollaba muy bien en suelos donde hay mucha roca pequeña piedra, requiere menos agua que el maíz. Cuando las vainas están tiernas se disfrutan mucho (los ejotes) su cosecha era llegando el invierno mucho frío, la recolecta era manual nos dolían mucho no existían guantes pues se me arrancaba la piel, al jalar las plantas por miles eran muy duras de arrancar con todo y raíz, luego hacer grandes montones. Como estos cultivos eran lejos de casa solíamos dormir en el campo, disfrutaba mucho porque hacíamos nidos entre la paja del frijol, era cálida mitigaba mucho las bajas temperaturas. Lo pesado es que mi padre nos levantaba a las 4 de la mañana, cuando salía el famoso lucero, para empezar a desgranar con un buen garrote golpeando los montones sobre una cama de troncos muy delgados y redondos perfectamente acomodados y amarrados, a través de estos caía por gravedad el frijol., dos metros de altura y rayando el sol a seguir arrancando plantas.

Vivíamos con un ritmo seminómada, la mayor parte del año en lo cálido y la menor en la sierra. Movernos al lomo de mulas caballos y burros era toda una odisea, una serie de Silverado, pero sin calesas ni disparos, menos apaches. Hasta las gallinas y guajolotes eran metidos en guacales, jaulas de madera amarradas perfectamente con correas de cuero., con respectivas divisiones., lo más difícil y que nadie quería llevar consigo eran los gatos, pues ya metidos en costales arañaban a las bestias y solían reparar así que no cualquiera se atrevía. Especies mayores como bovinos, equinos chivas borregos eran arreados, hasta los puercos estaban ya acostumbrados.

"No te desgastes buscando afuera, lo que por dentro dejas que muera"

APITULO DECIMO

CONOCIENDO AL ANGEL DE MI GUARDA

En esta dinámica, justo ese año cumplí mis siete años, hubo la necesidad de regresarme el mismo día donde esperaba mi padre por otro viaje había más carga pendiente. Chubascos y tormentas eléctricas eran exageradas y tenían un reloj exacto, y muy temprano llegaban a veces a la hora de comida., por eso debíamos trabajar lo más temprano posible.

En esta ocasión no había quien se regresará con las doce bestias de carga., decidieron mandarme solo con esa cantidad de animales. En el fondo tenía mucho miedo, sobre todo a las tormentas eléctricas y el paso por el único panteón que existía. Eran dos horas de camino a caballo, justo a la mitad del trayecto existía una gran manga un gran cerco, que dividía a lo cálido de la sierra como una frontera colectiva de muchos rancheros. Una gran puerta de agujas, trancas atravesadas horizontales que entran en perforaciones muy especiales en dos madres verticales.

Desmonte, pasaron las bestias que iban agiladas sin problemas, la tormenta eléctrica y el chubasco venían a unos kilómetros envolviendo a una gran montaña, nubes muy oscuras y zumbaban pareciera que traían granizo. Con mi mano estiraba la mula y escuché unos ruidos espantosos se había vuelto loca en reparos, pues la cabeza de la montura se atoró en la tranca superior que no alcancé a quitar por mi baja estatura., imposible detenerla el cabrestante la soga, quemó mis dos manos al tratar de sujetarla, el ardor y horror se apoderaron de mí.

Cuando la bestia pasó a dos metros de mi costado derecho brincando bruscamente se le fue la montura por las verijas hasta la panza, la tormenta llegó con fuerza sabía que con llorar no remediaba nada., y cuando estuve en el peor momento sentí ligeramente las manos de una mujer en mis mejillas una presencia física algo increíble me dio tranquilidad., asumo que fue el ángel de mi guarda. Completamente empapado pues no traía nada para cubrirme, tampoco debía meterme bajo un árbol por los rayos, el resto de las bestias tomaron rumbos diferentes para refugiarse, mi remuda que montaba se enredó entre unos arbustos muy espinosos que se llaman algarrobos y binoramas en el fondo agradecí ellos la frenaron.

Estaba tirada patas arriba temblaba exageradamente como un motor diésel y hacía ruidos raros que me preocupaban. No usaba navaja menos cuchillo por mi edad, sin forma de cortar los cinchos, era evidente que se estaba asfixiando, tuve miedo de que esta muriera y de ser así, pensaba en la regañada y fajos de la mano dura de mi padre pues fácilmente me pegaba. La montura maltratada y cubierta de lodo mis respiraciones retumbaban en mis oídos y el corazón aún exaltado., el chubasco paso y a duras penas desabroche el cincho., quite la montura con pánico a que me golpeara gracias a Dios que no, estaba agotada.

Se levantó y dejó que le colocara de nuevo la montura, no tenía la fuerza para apretar lo suficiente, así pues, monte de nuevo agile aquella caravana., caminé 15 minutos cuando mucho, era una pendiente considerable la mula dejó de caminar., estaba cayendo nuevamente la montura y yo trepado bendito Dios que el ángel de mi guarda llegó nuevamente., pero en el cuerpo de un tío que venía justo detrás de mí, un señor de avanzada edad con el mismo destino.

Mucho fue su asombro al cuestionarme y decirle que yo viajaba solo, bájese hay que arreglar esa montura esta por caerse me dijo, ¿porque que lo mandaron solo? eso no se debe hacerse me dijo, pues mi papá está acá en el rancho y un tío fue el que me regresó que porque él se sentía resfriado. Movió la cabeza reprobando la situación, me sentí todo un hombre acompañado y sin miedo lo mojado no me preocupaba y menos del famoso panteón., quizás por esos años fue la peor experiencia que tuve en mi niñez.

El cambio de rancherías era de un gusto enorme, y los antojos no esperaban, en la sierra empezaban las peras, perones, duraznos, diferentes manzanas, capulines, cupillas bellotas hongos., una variedad muy rica que se requiere mucha experiencia para la recolecta, debido a que existen variedades muy similares extremadamente tóxicas.

También era un deleite ir a cortar orégano silvestre y laurel, además por las bondades del verano había pastizal y empezábamos a ordeñar el ganado luego luego, una delicia la leche bronca y derivados, cuajada suero salado, el queso fresco, añejo y la codiciada mantequilla., esta se lavaba con sal de mar al final de la temporada de ordeña. De las aves silvestres la que más saboreaba cuando cazaban mis tíos las palomas de collarín, eran abundantes y fritas eran lo mejor.

Todos los animales permanecían libres a excepción de algún puerco cuando se decidía engordar, una vez que era sacrificado se tenían chicharrones, el suculento chilorio a base de chiles rojos y deshidratados, carne adobada para varios meses, manteca del mismo para todo el año. A pesar de no existir refrigeradores se las ingeniaban para que todos los productos se conservarán en perfecto estado a base de vinagres y conservas.

Grandes extensiones de tierra, abundante agua gracias a los arroyos y aguajes todo el año, y la muy poca presencia de cercos , pues desde antes de mis abuelos las colindancias de propiedades se referenciaban o deslindaban solo con pequeñas mojoneras, (montones de piedras fijadas por los colindantes) bestias y ganado se alejaban tanto que en ocasiones cabalgábamos dos días para completar los animales., en el caso de los bovinos cuando las vacas parían tan alejadas del rancho las crías se aquerenciaban, termino coloquial, quiere decir que en su vida adulta continúan viviendo donde nacieron.

Estas aventuras fueron mis favoritas pues varios jinetes nos dábamos a la tarea de recorrer hasta lo más recóndito de sierras y barrancos, mucho trabajo, pero muy divertido.

Llegando nuevamente al otro clima, además las cabras pues había abundante alimento para gente y animales por los meses de descanso de la zona., y por otro lado los rastrojos de los cultivos que se dejaban en las tierras todas las familias hacíamos lo mismo.

Desde que tengo memoria me gusta el baile, y comenta mi madre que desde que di los primeros pasos al escuchar música, ya hacia movimientos con singular alegría, con quien bailaba abrazado era con mi hermana y es verdad, en lo bailes de jóvenes y adultos bailábamos sin pena alguna, hasta cansarnos. A los siete años hice mi primer negocio y fue en la boda de una sobrina de mi padre en otro rancho, al salir me dio un billete de diez pesos, era dinero suficiente o al menos la cantidad más alta en ese entonces.

Por la noche apoyé al hermano de la novia un poco mayor, vendiendo chicles hasta que se terminaron pues las parejas bailadoras eran clientes potenciales, talvez buscaban un aliento fresco. Regresé a casa al día siguiente con veinte pesos había duplicado el dinero, le entregué todo a papa y me abrazo diciendo, ya es todo un hombre de negocios mijo, me sentí muy importante repitió cuando estés más grande te voy a dar cien para que traigas doscientos. Entrego el dinero a mi madre y lo guardo previa aclaración que ese dinero en su totalidad era mío.

Como hijo mayor tenía ya edad para la escuela a lo igual que mi hermana un año menor, preocupados ellos por la ausencia de maestros y nosotros ansiosos por aprender, hasta que tomaron la fabulosa decisión de mandarnos con mis abuelos maternos, a una comunidad bastante retirada. Mi madre nos llevó, al inicio tristeza y angustia, pero nada que en el transcurso de semanas no superáramos.

Llegar a la escuela implicaba levantarse temprano y caminar media hora y media hora de regreso., ese trayecto fue de los recuerdos con más emoción, creo aprendí rápido cuando no había tarea, escribía lo peor y lo mejor de ese día una especie d diario y el fin de semana lo revisaba y si era algo muy importante le agregaba algún dibujo., algo que me convenciera más respecto al tema, algo así como un complemento. Me llamaban la atención, decían estás desperdiciando muchas hojas eso no es importante, recuerda que está muy lejos la ciudad para comprar material.

Luego arrancaba las hojas y las iba guardando en otro lugar donde no pudieran verlas, pero mis cuadernos se volvían más delgados naturalmente no podía engañarlos. Mi abuela era un amor su voz, siempre tierna, alta blanca y con sus largas canas muy peinadas y otras recogidas, se levantaba muy temprano prendía sus hornillas con leña, y cocinaba generalmente en recipientes de barro todo lo hacía con amor., pues sin importar que cocinaba le salía delicioso y los frijolitos más ricos de mi vida son los que ella preparaba.

Una choza con solo dos recámaras pequeñas, un portal y la cocina rectangular muy ventilada por las famosas hornillas., única en aquel lugar bajo un pequeño cerro, el sol muy temprano entraba por la puerta lateral de la cocina. Tenía al frente un pequeño cerco con diferentes plantas y verduras muchas gallinas., el agua era traída en cubetas desde un aguaje, nos bañábamos en un arroyo que era una maravilla con grandes charcos de agua mansa, y el clima ideal, caminábamos un kilómetro para el esperado chapuzón, y en ocasiones también a jicarazos en las afueras de la casa.

Disfruté mucho, aprendí a nadar con mi tío hermano de mi madre fue como el instructor personal. Lo quiero y respeto bastante, lo considero mi segundo papá, aún vive gracias Dios y aunque esporádico nos vemos, disfruto mucho de su compañía. Con el convivía la mayor parte del tiempo estando en casa, le gustaba acompañarme en las tareas y compartíamos algunas cosas, le gustaba escucharme cuando tenía que memorizar algo.

Los fines de semana eran intensos, caminando a pie cerros y más cerros arroyos y más arroyos revisando el ganado., tenía dos perros pintos de manchas muy grandes tigre y dominó eran los nombres, muy divertido porque les gustaba la cacería corrían tras otros animales que trepaban en los árboles, cuando había panales de abejas pequeñas solíamos robarles miel era una delicia.

Recuerdo que no me cansaba pues mi tío respetaba mi ritmo y con sus ocurrencias siempre estuve feliz., a la hora de lonche que generalmente eran burritos prendíamos una pequeña fogata sobre una peña para evitar los incendios a veces no era necesario y comíamos el lonche frío.

Podíamos caminar hasta 8 horas en un día, pronto él se casó con una joven y guapa mujer a quien también agradezco infinitamente su sonrisa y el trato que nos dio., y nos sigue dando aún me doy el lujo de abrazarla y tomar café en su compañía gracias a Dios. En ocasiones mis tíos tocaban y cantaban me gustaba eso, mi abuelo a veces los acompañaba, salía con frecuencia era su fuerte.

Por casi tres años fueron mi otra familia una estuve muy feliz., como todo inicio llega un final, ese momento en que mis padres mandaron por nosotros, fue una tarde inesperada nada agradable, me dio mucha nostalgia no quería dejar a mi abuela y a mis tíos., otro hermano de mi madre fue el encargado de trasladarnos, pero el transporte era de carga un camión lento y fueron 8 horas sobre costales de grano mucha terracería demasiado polvo un cansancio brutal.

Al día siguiente llegamos a casa después de caminar 2 horas, ese mismo día conoceríamos a nuestro nuevo maestro, y al día siguiente sería el único alumno del tercer grado. Un solo profesor 30 alumnos la gran mayoría de primero otros menos a segundo, todos uniformados, aunque la mayoría con huaraches.

Así transcurrieron tres años en aquella pequeña escuela, que en ese tiempo fue remodelada por algunos padres de familia., con buenos adobes y ventanas con vidrios. Aumentó el número de alumnos y el trabajo para nuestro profesor, sin embargo, la capacidad y ánimos también eran evidentes, más intenso para todos. Los padres de familia se volvieron más corporativos. Recuerdo que, en cierta fiesta intervine en nueve presentaciones de un total de 13, les presumo que era mucho el gusto en el arte en general, prefería el baile y la actuación.

Los viernes teníamos que hacer el aseo general del aula y patio, acarreábamos el agua en cubetas a diez minutos quedaba el pozo natural. Era divertido porque jugábamos competencias, aunque llegáramos con la mitad del agua, nuestro profesor nos mantenía motivados, y disciplinados.

Al graduarme recuerdo perfectamente me sentía un rey, pues decía en la gran tela blanca atrás de un templete, Escuela Primaria Rural Federal General X. Primera Generación con su respectiva fecha, grupo A Alumno Único., o sea fui el primer graduando de aquella pequeña localidad estoy orgulloso de ello, por siempre agradecido conmigo la vida Dios mis padres y el maestro.

Todos admirábamos su esfuerzo y vocación, el cariño por toda la ranchería., de entrada, les comparto que él tenía que cruzar todo el país, vivía en el extremo sur del territorio nacional., algo así como 50 horas en autobús transbordando en la gran capital Ciudad de México, después hora y media volando en una pequeña avioneta, y finalmente dos horas a caballo para estar con nosotros.

Todo era armonía, trabajo escuela y felicidad., pero no todo es color de rosa, repentinamente llego el famoso y temido sarampión al rancho., todos los niños de casa incluyendo sirvienta enfermamos gravemente, mi madre nos acondiciono en su habitación por ser la más grande, a manera de cubículos separados por sábanas blancas y a la sirvienta la acomodo en segunda planta (en el tapanco) .Fue horrible ., solo hiervas raíces flores remedios de las abuelas, sin poder alimentarnos por las agudas nauseas temperaturas exageradas y otros síntomas.

Había mucha preocupación pues era común que murieran niños por esta enfermedad viral. Al no mejorar después de una semana y los escases de medicamentos principalmente antibióticos., el profesor se ofreció voluntariamente en compañía de un Raramury, trasladarse en calidad de urgente por medicinas, a lomo de bestia y un día de camino ida y vuelta, hasta el poblado donde se presumía estaba un doctor. Gracias a Dios y a los dos por su disponibilidad nos controlaron y regreso nuestra salud, después de tres semanas asistimos a clases.

En la misma y única aula resultaba por demás interesante fue más que autosuficiente pues atendía a los seis grados., excelente también en las artes, pues se daba tiempo para prepararnos con obras, bailes comedia, poesía y hasta carnavales muy organizados. Llegó prácticamente revolucionando todo uniendo familias, el gran ejemplo a lugares vecinos, incluso nos preparó para unas olimpiadas a los niños más grandes en la disciplina de voleibol en nuestro municipio y ganamos el campeonato.

También fui abanderado y rey feo de un carnaval., caracterizando a la Pantera Rosa., no sabía de qué se trataba pues no había televisión, que importaba fue divertido muy divertido. Nos volvimos famosos gracias a nuestro profesor, gracias a Dios aún tenemos comunicación y nos vemos ocasionalmente. Mi madre fue su aliada, apoyó constantemente en actividades de la escuela especialmente en diseño y maquila de vestuarios, de las niñas del clásico folclor mexicano.

Incansable y afortunada pues tenía una máquina de coser, la que funcionaba con una banda y un pedal, la hacía trabajar con sus pies como si fuera eléctrica exageradamente rápida. También hizo labores de enfermera en toda la comunidad y rancherías colindantes, ya que el doctor más cercano le tenía suficiente confianza y le delegaba responsabilidades, primeros auxilios suministrando medicamentos apoyando en lesiones y partos. Muy solicitada para confeccionar mortajas para personas que morían. Muy activa y querida., tiene una cantidad de ahijados que ya perdió la cuenta gracias a Dios continúa con nosotros.

"No te desgastes buscando afuera lo que por dentro dejas que muera"

CANCION A MI MADRE

Quien decidió que fueras madre
y que sentiste con tal bendición,
te han convencido retoños y amores.,
o te hemos dejado amargos sabores.

Porque el néctar de tus cántaros
fue lo mejor,
bendito alimento que diste en amor,
una que otra lagrima sanaba tu alma.,
en las madrugadas cuando la rutina
te tuvo enjaulada.

Tus desvelos cuidaron mi estancia
en la cuna, hoy a la distancia mis
locuras una por una.

Tus oraciones benditas canciones
que haces con Dios,
con alas discretas que en bajadas
y cuestas nos une a los dos.

Tus sonrisas cansadas son para mis ojos
espuma de mar,
que me reconfortan al mejor amar,
la luna con plata decora tu pelo.,
y el sol a tu rostro ha besado con celos.

Tu cuerpo lento y algo encorvado
pero tu amor y fe te han conservado,
hablas con las plantas
cuando tienen flores,
porque en tus amores
ya no hay pantalones.

Piensas en voz alta o te traicionan
recuerdos, porque en los sueños
no haz de evitado que el siga
siendo tu dueño.

Quiero en cada mañana
en tu ventana cante un ruiz señor,
y cada rayo de sol sea bendición

de la madre de dios.

Mis padres se divorciaron cuando estaban próximas las famosas bodas de oro, gran sorpresa, pero son decisiones solo de la pareja., Dios los bendice a pesar de su edad gozan de salud., mi madre se volvió citadina y mi viejo sigue en el campo. Suele montar a caballo, a su ritmo trabaja el ganado y sus tierras apoyado por trabajadores.

Regresando a mi último año de primaria, mucho agradezco al profesor y también a mi madre la insistencia para con mi padre y convencerlo me diera permiso para migrar a la ciudad, continuar mis estudios de secundaria. Nada fácil, como hijo mayor él quería me quedara apoyarlo, ya sabía leer y escribir y para él era suficiente, ¿Cómo crees que voy a poder solo con todo? pronto serás un hombrecito y quiero que te quedes, así como yo me quedé con mis padres.

Fueron varias noches a la luz de una pequeña lámpara, un quinqué a base de petróleo, donde los tres platicaban largo y tendido saboreando algún té o un café con panecillos. Naturalmente que yo no me dormía hasta que no terminaban sus pláticas pues cruzando los dedos, ya pedía a mi Dios lo convencieran, y así fue autorizó por fin.

"No te desgastes buscando afuera, lo que por dentro dejas que muera"

CAPITULO ONCEAVO

LA VIDA URBANA, ILUSION QUE REQUIERE PASION. –

Nada fácil llegar a un mundo nuevo, casas pegadas unas con otras, mi escuela con cientos de alumnos y docenas de profesores, media hora en camión para trasladarme, doble turno el primer año. Muchas materias, compañeros del grupo muy diferentes. No podía ocultar el miedo, tampoco que venía de una comunidad apartada y austera., rápidamente me convertí en el extraño y por supuesto señalado o criticado como un Raramurí, (significa pies ligeros) les repito que es una forma de identificar a la etnia más importante de nuestra querida Sierra Madre.

No me importó, la prioridad terminar la secundaria. Mi situación económica muy limitada y empecé a trabajar los fines de semana, después medios turnos de lunes a viernes en una cadena de restaurantes que por esos años iniciaba, los pollos asados más ricos y sanos de México. Felicito, a su presidente y paisano (sierreño y arremangado) por su éxito, gracias por darnos trabajo a varios de la familia a pesar de que algunos estábamos muy verdes., un abrazo grande.

La gran ventaja es que no pagaba renta gracias a un tío hermano de mi padre (hombre austero y de carácter hablaba fuerte, me exigió bastante y compartió buenos consejos)., gracias por darnos casa, hospedaje en compañía de una prima por larga temporada. Agradecí de corazón cuando vivían también a mi madrina (una gran mujer jamás escuché algo desagradable de su boca tampoco la vi alterada o molesta, fue un dulce.) de bautismo, su esposa gracias de nuevo allá donde están en los cielos.

La segunda temporada llegó., y con ella mi hermana a la que supero con menos de dos años de edad. Nos mudamos con otra hermana de mi papá teniendo familia numerosa, es un amor, que gracias a Dios sigo abrazando, no así su esposo que por esos años el cáncer ya no le permitió continuara entre nosotros.

Una casa pequeña 12 individuos diez estudiantes, la mayoría trabajábamos en armonía y felicidad. Gracia tía por tu carisma y gran corazón., por ese cariño y respeto que hasta la fecha nos tiene y le tenemos. La considero ese ángel que nos acompaña en los cambios fuertes y difíciles de vida. La admiro bastante es un mujeron, nada ha sido fácil para ella desde hace muchos años, y me atrevo a decir que vive en el amor gratitud y fe. Sin embargo, es un ejemplo de ser humano su amor y oraciones alcanzan para todos, mucho de mi abuela vive en ella.

El último año de secundaria me enamore estúpidamente de una compañera que llego de otra escuela. Definitivamente seguía en parte austero y tímido., jamás me atreví a decirle algo, lo irónico es que bailábamos en las famosas tardeadas en la escuela. Me conformaba con eso, era suficiente., fue más que interesante, las hormonas empezaban hacer su trabajo y yo no hacia el propio, estaba muy verde, pero ya era aprendizaje. En el segundo caso no esperé a enamorarme la que me gustaba le echaba los perros. No podía cometer el mismo error por segunda vez. Asumí que era mejor arrepentirme de hacerlo a vivir con el remordimiento del no atreverme.

Ya en preparatoria otra hermana de mi padre, extraordinaria tía, compró su casa por la misma zona y nos dio un cálido hogar, cariño consejos y más responsabilidad. Fui el hombrecito de la familia que habitábamos, otra prima con licenciatura ama de casa., dos hijas de mi tía y mi hermana. Ella seguía en el pueblo trabajando incansablemente con su tienda de abarrotes y su pequeño restaurante y ganado criollo., buena para montar, sabia usar armas de fuego, caminaba muchas horas en el campo y también montaba con mucha habilidad.

Desempeñándose por más de 20 como papá y mamá, al quedar viuda estando embarazada y muy joven., su esposo murió cobardemente a tiros siendo comandante de policía de nuestro municipio. Valiente y muy trabajadora, dio a sus cinco hijos amor, educación y valores. Gran ejemplo para las familias y la comunidad. El año de mi atentado dos meses antes, un agresivo cáncer se la llevo rápidamente. De aquí hasta el cielo, gracia, gracias, gracias querida tía.

En los cambios importante de mi vida siempre han existido ángeles que me cuidan, apoyan y protegen desde los siete años. Esas personas maravillosas que se preocupan por mí, que están al pendiente que no me juzgan, dándome cariño amor y comprensión, y lo más extraordinario lo hacen incondicionalmente. A veces no las vemos, por la miopía de la insensibilidad, pero en mi caso desde niño siento a las personas por su humanidad. Yo digo siempre están en tiempo y forma., de eso estoy plenamente seguro, físicamente o como ángeles o seres de luz y amor.

Sin embargo, la mayoría buscamos o pedimos al Creador una mano, solamente cuando estamos agobiados inmersos en algún problema o situación desesperada., ignorando las bendiciones y el milagro de ser y estar en el ahora. Confundimos situaciones ordinarias pero profundas, con la justificación de mira que buena suerte, que buena gente y cosas por el estilo., más en estos tiempos de vida contemporánea en la que parece nos castran para ser inmunes a las maravillas que son parte del todo. Somos más millones de humanos cada vez, pero se muere la humanidad.

No valoramos y hay vacíos por todos lados al no vivir el presente., por olvidarnos del ser y estar. Nuestro niño y ángel de la guarda permanecen con nosotros hasta morir., y me atrevo a decir que aun después., siempre y cuando vivamos en gratitud amor y fe. En mi renacer todo es importante, hoy le escribo esta canción a mi niño interior.

MI NIÑO GUERRERO

De la niebla oscura un niño herido salió
y conmigo se quedó,
la ropa del amor traía rasgada
muy angustiado preguntó

por el ropero del perdón.

Cansado más no derrotado
ya que de amor es su armadura
valiente guerrero esta criatura,
seguido lo abrazo, y aunque reímos
también hablamos de los porrazos.

Soy padre y madre al estar con él,
jugando escondidas en luz y oscuridad,
y pensar en el mañana no es motivo
de ansiedad.

Un guerrero lastimado
a ser feliz me está enseñando,
baila y hace malabares claro esta
quiere ser mago, el piensa no lo veo
porque me hago el despistado.

De pecho y espalda honra cicatrices
pues son el referendo

de un camino muy difícil.,
en verdad ya es un gran mago,
lo he visto volar estando a mi lado.

Quiere invertir el arcoíris
y al jugar juntos con el me mires,
preparar sopa de estrellas para invitados,
aún faltan muchos niños
hambrientos y muy cansados.

"No te desgastes buscando afuera lo que por dentro dejas que muera"

Llegue a la vida urbana lleno de ilusiones, pero no eran garantía para cumplir y salir adelante con mis sueños, sabia de familiares mayores que lo intentaron y regresaron con sus familias., solo dos tres continuaron. Recuerdo por esos años un famoso actor de mi tierra, de mi Estado su gran frase:

"Si las cosas que valen la pena se hicieran fácilmente, cualquiera las haría."

Con frecuencia lo veía en televisión y llamo mi atención. Pasaron muchos años para comprender que la pasión, no es exclusiva de hormonas desbordadas, y una bella mujer dispuesta al cortejo o algo más. La pasión debe existir en lo que realmente nos importa y queremos, en todo lo que se codea con lo que nos da plenitud, lo que hace que nuestros cuerpos vibren y revivan con solo pensar en ello. Eso marca y da colores a mi vida., no pienso apartarme de la pasión., es otro de mis estandartes al caminar o al volar, también me va mucho mejor desde que cambie el por qué? ¿por el para qué?

Seguiré creciendo, conquistando y amando la vida, al disfrutar, paladear cada respiro, la gota de agua, cada sonrisa el abrazo, a pesar de que hay crisis de estos, demos muchos abrazos, besos energéticos. Cuando no tengo a quien abrazar lo hago conmigo con los árboles, caballo vacas el perro la luna el sol., que mejor a la madre tierra.

Es vida cada susurro del viento, cada instante tiene y trae algo, hasta el silencio permite escucharnos por dentro, cada rechinar de tripas o nuestro corazón. Y aunque haya cosas que no me gusten o convenzan, continuaré con amor gratitud fe y energía, aunque el morral traiga poca sabiduría.

Es una delicia conocer personas lugares de mi madre tierra., sueños y viajes mágicos como los descritos al principio. Soy privilegiado, puedo hacerlos con solo desearlo, pero implica un gran compromiso, respeto a mi alma y todo lo que me importa. Pues existen pasajes que prefiero no recorrer y menos caer en vicios, pues he tenido suficiente para hacer lo más correcto en tiempo y forma. Por otro lado, me queda muy claro que puedo repentinamente no regresar, no me da miedo., pero no lo haré hasta cumplir mi tarea.

Cuando viajo no puedo ir en plan de cuestionar absolutamente nada, menos buscar respuestas. Y me limito a disfrutar, es como ir al cine a ver una película, un estreno., pero sin derecho a escrutinio y no ocupo compartirlo. En un principio hice lo incorrecto y fue desagradable.

También escribiendo mis locuras poemas y canciones, a las mujeres a todo lo que me parece y siento importante., ellas no dejan de sorprenderme en este y otros planos o portales, no deseo terminar de conocerlas y de lo que son capaces. Jamás quiero dejar de maravillarme de mi Dios, la creación y esta breve estancia con ustedes, permanecer a esta humanidad y tiempo.

Cuando hablamos de una relación de pareja y tratamos de encontrar ese común denominador, con jaquecas y gran pretexto del amor, que parece estar en chino., suelen preguntarme, por qué siento que no te abres al amor? A pesar de que tanto hablas de él, escribes le cantas lo presumes, está en todo lo que eres y haces., por qué te siento económico en esa apertura qué buscas qué pretendes a dónde quieres llegar?

Contesto que sigo caminando y volando a mi ritmo, quizás no he sanado del todo, que para dar amor debo amarme primero, antes confundí el amor con las ilusiones, y pague el precio en decepciones, para ser transparente debo serlo primero conmigo. Quererme y aceptarme con errores y virtudes. Tampoco busco lo que no he perdido, si la media naranja llega en mujer decidida, en este camino sea bienvenida.

Les suena raro al decirles estoy enamorándome de mi individualidad y conexión conociéndome y lo que implica. El camino es más que interesante a cada paso, me siento feliz al ritmo que voy., la meta no es mi felicidad, porque tendría ansiedad. Esto resulta excepcional desde que aprendí a dialogar con mi alma, las sorpresas no terminan, cada vez son más interesantes por simples que parezcan. De igual forma y a pregunta expresa de estas bellezas, evitando polémica prefiero hacerlo más obvio, divertido, escribiendo y cantando:

SE BUSCA

Se busca un corazón
que no conozca la traición,
que tenga vicios como ternura
y soporte el juego del amor.,
y al desvelarse sin culpas que lavarse
menos pecados que sean de dos.

También dos ojos que siempre brillen,
y al estar en ellos lejos me lleven
una piel que me sea fiel
y se encienda como el papel.

Se busca un cuello de caramelo
que aguante todo sea hermoso y bello.,
disfrutarlo sin asfixiarme y que su sangre
luego me desarme.

Un par de piernas que me estremezcan
y no se cansen, aunque amanezcan,
con dos piecitos más que traviesos
y tengan hambre de muchos besos.

Se buscan labios que estén carnosos
que sean inquietos y algo mañosos,
también persianas de una sonrisa
y mordiditas roben mis prisas.

Dos montañas que no sean rusas
que no me asusten y me seduzcan,
luego en sus valles poder pasearme
sin restricciones hasta rendirme.

Se buscan manos que sean de diosa

que hagan milagros y estén sedosas,
una cintura que está a mi altura
fuerte y flexible y sin contracturas.

Y si no exagero en mi petición
mi alma gemela en su corazón,
al momento habré de casarme
y lo que me pida no podrá estresarme.

NO SE SI ESTUVO ESTE O LLEGARÁ

No sé si estuvo este o llegará
lo que sí es bien sabido
lo mucho que he aprendido,
brujita mujer o santa las necesito
a cada ratito.

Solo con acordarme

de ellas quiero llenarme

muy dentro de mi pecho sigue

creciendo este enjambre,

que tiene mieles y aguijones crueles.

Pues cuando tengo hambre

me la han calmado,

también mi sed, siguen saciando.,

y cada una a su manera se hace mi dueña.

Bellas mujeres gracias por los placeres

y aunque hay amores con alfileres,

o ciertos fantasmas que aparecen y se van.

Otras de un portazo marcaron mi vida

sin otra salida,

a veces me han dejado

por no tener un banco.,

y otras por un cheque dejaron

la cuenta en blanco.

Hubo quién lavo y hasta planchó
bien mi camisa
y la que sus labios aún la
manchan con malicia.,
la que se desmaquilla antes del amor,
y la que en mi pecho entre sudor deja el color.

Quién se desliza como gata en el satín
o esa que en la arena suele
darme el gran festín.,
más de una café caliente hasta la cama,
y después de unos sorbos
endulzamos nuestras ganas.

La que te envuelve con
el humo de su cigarro
y quién no recuerda en invierno
polarizar el carro.

Benditas todas todos los días
delicia que Dios nos dio,
se arruga el cuero más nunca
el corazón., las sigo amando sin juzgar
y con razón.

Y qué hubiera sido sin haberlas conocido,
nada tendría sentido sin su amor y su castigo.

En parte es lo que he conocido con ellas., mis experiencias mis decepciones y placeres, esta canción está muy obvia sin embargo por encima de todo estoy agradecido. Que hubiera sido sin conocerlas.

Imaginen ustedes, la última mujer con quien tuve una relación rica y estable, se fue de vacaciones y no volvió jamás, también hizo lo que mi exesposa bloquearme totalmente. Ese final me enseñó bastante, agradezco lo bueno y lo peor, soy honesto.

A las personas que se van de nuestras vidas definitivamente hay mucho que agradecerles, y alas que llegan debemos bendecirlas es una delicia medio conocer personas, porque eso de que te conozco no existe, tan es así que no termino de conocerme.

No quiero tener una flor conmigo envuelta, o en un florero., es fabuloso y exquisito me deleiten siendo libres a cada ratito., oler sus fragancias tocar su piel en pleno sol o media noche. Observarlas al vaivén de suaves vientos, aunque las sueñe en mis aposentos.

Existen personas que sufren y se lastiman, al ver las rosas que traen espinas., en cambio hay otras que ríen gozan, al ver espinas que tienen rosas. Las admiro tanto que estoy solo, no tengo a una conmigo, ¿y saben por qué? Porque al tenerla baja ese telón, acaba la función no habrá que ver.

Mi reflector no será de 360 grados así de sencillo, voy más que agradecido. Aprendí viajando que somos luz con sentimientos con un gran poder, que no permite el ego ni ser más que lo demás., nuestra alma no ocupa viseras, comer ni beber, como nuestro cuerpo físico., menos generar desechos.

Somos tan puros y ligeros como la pluma del ganso danzando en el aire, o como la hoja que se desprende en otoño o quizás menos, una hoja sí, pero llena de vida viajando. Un deleite extraordinario y extremadamente poderoso, nada permite alterar lo perfecto, excepto cuando somos ignorantes, egoístas e ineptos. Se fluye con la gran fuente de vida, sea de bajada o sea de subida.

LE CANTO A LA MUJER

Yo le canto a la mujer
y a su esencia por doquier
pues la miro completita

desde un suspiro hasta como grita,
no me importa si golpea
o la cara me voltea., las
flores y sobaditas hasta las
agruras quitan.

Y si tienen sexto sentido
uno más les doy cuando
en mi pecho las he metido,
le sonrío y mucho quiero
y hasta el respeto les pierdo.,
al quedarnos ya sin ropa
cuando su cuerpo en mi pecho galopa.

Despedir al sol, saludar la luna
hacer de la cama,
la más preciada y exquisita cuna.,
aventar el despertador,
y entre café y mermelada de
nuevo hacer el amor.

Qué tal esa noche y el oscuro vino
haciendo su pecho un delgado camino.,
mis labios todos recogen
diseñando ese pergamino.

Yo le canto a la mujer
y a su esencia por doquier
pues la admiro completita,
desde un suspiro hasta como grita.,
qué sentido tiene criticarlas caballeros.,
desde que las conozco,
han sido y serán siempre lo primero.

REFLEXION/MI VERDAD

Al ver y sentir dos realidades en planos distintos pero simultáneas., hay en mí cierto estado mental y sentimental involuntario exquisito.

Complicado y ordinario., con lo tangible e intangible, con lo finito e infinito que derivan la necesidad obsesiva de ser correspondido, pero en ciertos planos es prohibido., peticiones de las que a veces soy consciente.

El solo hecho de experimentarlo es una delicia, aunque a ratos sean progresivas no hay ansiedad., al contrario, siento es parte de una catarsis lenta y sencilla, permanente pero real. No me importa a ratos ser exclusiva presa del capullo de una limerencia.

Una apreciación o percepción de placer sin carreras sin prisas sin condición, una felicidad que me filtra como lo hace la humedad en un muro deshidratado o cual terrón que permanece al sol. Siento ser parte rasasvada, donde los pensamientos que bloqueaban el camino hacia la luz, se han ido diseminando gradualmente. La resiliencia me permite adaptarme de la mejor manera sin forzarme a lo que me interesa, a la vez que mi espiritualidad me deja ver y sentir matices del amor en todo.

Sin importar que a veces halla dificultad para ciertas emociones, el sentir es más intenso a lo que pienso. Quizás a ratos sea parte de un cómodo paciente que padece alexitimia, pero sin caer en depresiones o aislamiento social, sin problemas psicosomáticos diría., y a manera de sarcasmo me divierto al escuchar, hoy estas más loco! ¿a dónde vas? Les digo a ningún lado estoy aquí y en el ahora.

A los escenarios de mi caminar no permitiré se marchiten, desde antes de salir el sol y después de ocultarse, agradezco los respiros, emociones y al entorno sean parte de lo inmarcesible., no soy de piedra tampoco tan sensible. No quiero ni me doy tiempo de pensar en marchitarme, tendré edad y más edad, pero no vejez, de esto soy consciente un día a la vez.

Gracias a mi alma, por soportarme enseñarme, por los viajes y volver conmigo, por ese aprendizaje y gozo. Gracias a mi cuerpo al ser tan fuerte, a cada célula que murió y la que me despertó. Gracias sangre que de mí se despidió, gracias héroes que donaron y en mi vida se quedaron., gracias vida, también a ti gran capataz por ser valiente y muy capaz. Gracias hermosa virgen, india y mujer, pues tu amor disfruto y no acabo de entender.

Sempiterno, por su exquisito principio y no quiero tenga fin. Agradeciendo a mi Dios que es eterno sin principio y sin fin. Así esta vida termine, se que mi alma continuará en lo inconmensurable, contigo mi Señor milagroso y admirable.

Quiero seguir conociendo lugares simples idílicos, paradisiacos y placenteros. En esta vida amores, amistades y escenarios mitoteros., en ambientes naturales, hostiles, crudos o idealizados. Disfruto y me siento vivo, y al todo, gracias doy hasta esos cachitos agridulces, del futuro incierto y del pasado acepto, al día de hoy.

Sin alcanzar un estado mental para la calma total. Imposible desechar todos los sentimientos negativos hasta ahorita. Mientras pueda aminorar la imperturbabilidad es mucho ganar, en lo posible mantenerme en el camino de la serenidad y sosiego espiritual.

A pesar de no tener todas las respuestas, prohibido angustiarme. Seguiré cazando conquistando, aunque a ratos sea la presa., consciente de los riesgos del centro y de los sesgos, del nivel de mis instintos al dormir o dando brincos, sin aprietos y confiando, lo decido y lo decreto.

Con fuerzas y con fe, cual emuna que, a pesar de ser innato, se fortalece como un tierno garabato, a través de la experiencia y razón a cada rato. La lucha es permitida, vayas de entrada o vayas de salida.

Que importa si algunas bellezas suelen llamarme filofóbico, cuando a su criterio me dicen tienes miedo al amor a la vida en pareja. Sigo tranquilo es divertido escuchar eso, ya que no experimento sentimientos de culpa ni de soledad, menos de incapacidad. Siento enamoramiento en general de la vida, sus colores, brillos y matices que tiene y los que le doy., disfrutando juntos somos el mejor binomio hasta el día hoy.

Hasta ahorita nada de lo que me gusta o no, termina, es mi proceso, mi verdad y esencia. Convencido por el termino serendipia, pues me siento afortunado al encontrar lo inesperado., cuando quizás estuve buscando algo distinto. Por mucho que sueño perciba y disfrute, mi realidad me enseña y le enseño, jugamos incluso al gato y al ratón, al ladrón y el policía.

La vida es en parte melodía, excesivamente dulce, y otras melancolías, suave delicada y también encrucijada. No mermará mi fuerza, chispa y fe interior, aunque a ratos vea o sienta dolor. No perderé el asombro, caminaré y volaré con ella.,

corazón a corazón, hombro con hombro.
Maravillándome de cada instante y del amor, de
cada mundo., propio etéreo y exterior.

NAMASTE

EL SEXTO FILLTRO

En este andar,
¿qué es lo que sientes sin despertar?
a quién platicaste tus sueños
y qué decretas saludando sol?
acaso te confesaste o con él empezaste
a sembrar el amor.

Lo que decidas tal vez no me digas
y como universo te ofrezco,
el acantilado del Dios que no sientes
estando a tu lado.

No ocupo me mires,

pero el arcoíris dilata tus ojos

y otras tus enojos dan matices grises

a los paisajes que no has comprado.,

y más peso al morral que cargas a dónde vas.

No agotes el combustible y cuida el fusible

que te dio la vida,

y si cuesta la subida frena en la bajada

y cuida la rebanada, del pan que el partió

en cierta cena., y evita la pena de claudicar,

lo que prometiste al comulgar.

Estamos ya en el sexto filtro

por eso te insisto, que el edificio ancestral

está por cerrar ese gran portal.,

donde a toda costa querrás entrar.

Como es un lado es en otro

como es arriba es abajo,

como es afuera es adentro

y recuerda su espada es el cetro.,

para cortar lo que es de la bestia

y lo que es de su altar.

"No te desgastes buscando afuera, lo que por dentro dejas que muera"

CONTRAPORTADA

¿QUIEN DIABLOS SOY Y PORQUE DEBES LEER MI LIBRO?

SIMPLEMENTE PORQUE SOY DIRECTO EN LO ESCRITO Y AL HABLAR, SIN CAER EN LO VULGAR.

PORQUE SIENDO UN HOMBRE AUSTERO, SIGUE LLEGANDO LO QUE AMO Y TANTO QUIERO.

AL SER Y ESTAR NO HAY RETRASO NI ME VOY ADELANTAR, SIN VIVIR MURIENDO MORIRE VIVIENDO.

EL HUMBRAL QUE ANTES ME ENVOLVIA, AHORA CRECE NOCHE Y DIA.

MAS DISFRUTO DEL CAMINO Y CADA VUELO, SE ACABARON LOS CULPABLES Y PAÑUELOS DE CONSUELO.

YA DORMI EN EL PETATE DEL MUERTO, LES COMPARTO MI VERDAD DE CORAZON, PUES TODO ES CIERTO.

VALIENTES Y COBARDES DE ESTE MUNDO SOMOS PARTE, AQUÍ ESTA EL PARAISO Y LAS BRASAS DONDE SE ARDE.

PÚEDO FLUIR COMO EL VIENTO, Y QUEMAR UNA FLOR CUAL CANDENTE SOL, O DARLE VIDA EN UNA CANCION.

EN MI UNIVERSO INTERIOS VIVE UN DIOS, Y EN LO EXTERIOR HAY MAS DE DOS.

LA LUZ SIN NOCHE MUERE, Y SIN LAS DOS NADA SE MUEVE.

Made in the USA
Middletown, DE
25 July 2024